走吧！西安有本事

翻玩世界古都第一城！

粟子——著

21 個王朝和政權創建地
x
13 朝古都
x
6 處世界遺產

看粟子小姐如何翻玩
世界古都之首，西安一次滿足！

不管你是考古控、歷史控、旅行控、文青控，
都要你一路好笑、好玩、好吃、好買、好看！

西安，你來了嗎？

如果一個城市要應徵旅人前來，也像普通人找工作那樣列出履歷供老闆們選擇，那麼西安的履歷一打開，絕對會讓全世界的旅人都驚呆了！

是的，西安就是有這樣的本事，從她還是長安城時，就是被帝王相中的超級寶地，讓無數皇上不只生時建都、連死後都要建地下王朝（風水是有這麼好？）。比較特別的是，長安城的魅力不只是政經中心而已，不管得不得志的騷人墨客，也都愛在此地悲春傷秋，留下讓人掩卷嘆息的詩文，果真「長安不見使人愁」！

如此興盛的城市歷史，古今中外恐怕絕無僅有了，想必能吸引許多考古控、歷史控、文青控、各種控……前來一抒思古幽情。至於我所熟知的粟子小姐，在旅遊書作家的岸然面下，確實藏著一縷老靈魂，是位令人肅然起敬的老電影專家，連帶也熱愛各種老件、老物、老人家……，如此一來，也就不難理解何以她一而再的前往古都西安，而且一寫再寫的要大家前往古都西安。

　　是的，西安就是有這樣的本事，而栗子小姐的本事，則是把政經（正經）的西安隱藏版全給翻挖出來，用稍微不正經的觀察與妙筆（還有光明正大的偷拍），謔而不虐的戲說一番，關於景點要領、飲食口味、生活習慣、拍照姿勢、行車安全、市井小民……等等風土差異及旅途見聞，簡直比兵馬俑坑還活色生香！

　　西安的風水果真是好！讓旅人一去再去，好書接二連三。借用都城隍廟的著名牌匾：「你來了麼」，西安確實值得來、值得讀，身為合作夥伴，不顧閃腰誠意躬身推薦：還沒去的人可以讀一讀，相較於工具書的正經八百，這本絕對是有滋有味的西安；已經去過的人也可以看一看，印證記憶中的西安是否如此活靈活現？

by Moon

西安──我與粟子緣分的起點

　　當粟子請我幫忙寫推薦序時，我又驚又喜，驚的是竟然要在我的偶像新作裡露個小臉，雖然只是小小微不足道的序，還是讓我好緊張；喜的是我又有精彩絕倫的旅遊大作可以看了。粟子為什麼可以那麼厲害？！凡走過必留下痕跡，旅行後總是能出版一本精彩的旅遊書（不只一本，竟然還有續集）！我常常驕傲的跟身旁的人炫耀，這個厲害的作者是我的朋友！

　　其實我跟粟子在現實生活中沒碰過面，會變成網路上的好友是一段很妙的緣份，應該是多虧了這本書的主角──西安。我在2009年生平第一次自助旅行，去了大陸絲路，規畫由西安到新疆一路旅遊。因緣際會下拜讀了粟子的《玩大陸・沒事兒》，深深被粟子生動有趣的文筆吸引，我還照著粟子書裡的描述，特地去西安的書院門刻印、兵馬俑旁的小攤子購買十二生肖的刺繡串飾，這些極具特色的紀念品現在還擺放在我心愛的百寶櫃內。

　　自此之後，我成了粟子的粉絲，不時地到粟子的網誌「玩世界・沒事

兒」逛逛有無最新的文章，也會默默潛水看粟子的臉書上可愛粟媽粟爸的互動。隔年又因為粟子的《平民風、在地味──我的香港私路線》這本書，書中寫到各式各樣正港好味美食與濃濃的在地平民旅遊路線太引人入勝，促使了我2010年第二次到香港舊地重遊。有一天，在我的個人網誌上看到粟子的留言！原來和粟子去絲路旅遊的某位旅伴，在搜尋絲路的相關旅遊資料時，發現我的網誌裡有提到粟子的書，於是把訊息告訴粟子，粟子因此來我的網誌留言，然後就因這個小緣分，我們變成了臉書上的好友。

當粟子的好友，最大的福份（還是折磨？）就是可以看到各式各樣自家生產的燒餅、饅頭、包子，最常見的是肉排大到滿出來的漢堡、不惜成本猛放自家蔥的超級蔥大餅，粟爸粟媽的手藝簡直可開餐廳了。所以看到粟子在舊作曾提到粟媽在香港某家餅店笑擁燒燙燙的巨型吐司，以及吃了一口就豎起大拇指帶走的二十個皮蛋酥……等，我也好想衝去扛個吐司和三十顆皮蛋酥大快朵頤，粟媽的推薦比偶像巨星廣告還更有效果！在這麼一個美食雄厚的家庭長大，我相信粟子書中推薦的美食一定是真正好吃的。

我一直好喜歡看粟子的旅遊書，跟一般市面上常見的旅遊書不同，她的書是結合了坊間的「旅遊指南書」和「旅遊心得札記」兩種類型，除了把行

程、美食、玩樂、購物血拼……等寫得很仔細外，還加入自己生動活潑的敍述，閱讀起來有身在其境中，讓人回味不已。

當我看到《走吧！西安有本事，翻玩世界古都第一城！》這本書稿，本來還很納悶粟子不是剛出版過一本西安的旅遊書嗎？但看過文字內容後，又大大佩服粟子了！若說《西安自助超簡單》是本交通、歷史、飲食、購物的完整旅遊攻略，把吃喝玩樂各方面從歷史淵源到旅遊資訊詳細地把西安摸個透徹，有了它就可暢行西安自由行。那《走吧！西安有本事，翻玩世界古都第一城！》則會讓你愛上這充滿歷史文化與民族特色的古都，因為這本才是粟子個性的展現大作，就像是電影最後的精彩花絮，在她觀察入微與活靈生動的筆觸中，西安好有趣、好吸引人！一開始看到目錄〈花兒頭上戴〉、〈蔣公逃走中〉、〈尋找鐵金剛〉、〈女皇旅行團〉……這些讓人摸不著頭緒的標題，不禁讓人納悶這到底是怎樣的一本書，連蔣公、鐵金剛、女皇這些八竿子湊不上關係的人都串連在一起了？看了內容後馬上笑到趴在桌上流淚，粟子自詡為犀利觀察者，這稱呼我要按千百個讚。

西安對我而言是很特別的回憶，我第一次出國自助旅行的起點就是這裡，當時是和一個要好的大學好友同行，誰知抵達西安的第二天，朋友因突

發性耳聾緊急回台灣就醫，留下我一個人獨自旅遊。一開始我是惶恐害怕的，但西安是個旅遊興盛的城市，它以開放歡迎的態度迎接世界各國的遊客，慢慢的我卸下心防，細細地欣賞這歷史悠久的城市。

西安是我心目中最具有歷史文化意義的古都，自古以來有十多個朝代在此建立王朝，在此得天獨厚的歷史背景下，無論是文化古蹟、民族風情、飲食小吃……等都具特色，隨便一個景點諸如兵馬俑、華清池、漢陽陵等都是歷史故事中鼎鼎大名的主角。雖然已過多年，但想起每個回憶猶如是昨日之事，想起參觀兵馬俑時的感動、回民街上各式各樣西北特色的小攤子、吃泡饃嘴巴嚼啊嚼好像永遠吃不完的無奈心情、獨自走在西安城牆上蕭瑟的身影、在青年旅館聽廣州大姐講可怕的搶匪故事……。

粟子的新書喚起了我難忘的旅遊回憶，且看了粟子書中的介紹，怎麼有大半的精采景點和小吃美食我都沒看過沒吃過呢？而那些曾造訪過的地方，在粟子的生動活潑敘述中，讓我又興起再訪的念頭。粟子的書就是有這樣的魔力，在她的妙筆生花下，旅遊書不只是一本單調硬梆梆的指南手冊，而是一本好笑好玩好吃好買好看的奇妙旅程魔法書。我曾說過好幾次「我以後不會再來西安了」，但看過粟子的書後好想馬上再去一次。我想，每個讀者應該都有感受到這種魔力……

by 陳小伊

瞧瞧她的本事

仔細想想，西安確是個令人頭皮發麻的城市，不僅擁有十三朝古都資歷、保存中國最繁華多彩的黃金年代，更一度位居世界政治經濟時尚中心，地位宛若現代的紐約＋倫敦＋巴黎。數千年間，多少騷人墨客、帝王將相都曾在此活蹦亂跳，有的寫詩、有的奪權、有的泡湯、有的蓋宮殿、有的築城牆、有的放煙火、有的逃走中……歷朝歷代有本事的人成就這座有本事的城。

時至今日，當各個城市努力尋找足以吸引世界目光的賣點，西安早已憑著第八大奇蹟——兵馬俑馳名全球，其餘動輒千年起跳的陵墓、寶塔、寺廟、遺址不及備載，置身其中，堪稱步步是歷史、處處是古蹟。「訪了武媚娘（乾陵）便無閒探唐太宗（昭陵），見了王寶釧（寒窯）就得棄秦二世（胡亥墓），選擇登華山論劍則無暇一睹佛指舍利（法門寺）。」景點清一色資歷顯赫，去與不去都是煎熬，如此高規格的取捨，也唯獨在如此有本事的西安才可能發生。

儘管檯面上的「本事」精彩萬分，但身為一位熱中畫錯重點的秘密觀察

者，檯面下的見聞更是我念茲在茲的樂趣所在。於是，頗有距離感的「文化歷史名城」在添入當地人情互動後顯得可親可愛，當然過程中難免會有驚心動魄、匪夷所思、莫可奈何、置生死於度外的時候，這些千金難買的真實體驗，恰恰是《走吧！西安有本事，翻玩世界古都第一城！》的獨門寶庫！

與西安數度交手，目的從最初的訪舊（粟姥姥在此度過最珍貴的少女與新婚時光）到最近的公務（為指南書竄遍整座城），越發感受這座城市的不簡單。因此，當我極度壓抑地寫妥鉅細靡遺卻無法流露絲毫真情的《西安自助超簡單》後，藏有許多祕辛的番外篇《走吧！西安有本事，翻玩世界古都第一城！》便緊接著奔放動工，歷歷在目的妙事一打不可收拾，回過神已累積數萬字。幸運的是，本來口沒遮攔的私房自娛，意外獲得出版成書的娛人機會。

論功行賞，自稱最佳旅伴卡羅姐（配合度高、個性穩定、可吃苦、算能走、不挑食、偶爾水土不服）可謂本書首功，內文八成以上故事都有她的參與，坐摩的、吃餃子、爬驪山，有笑有淚有艱有辛。那怕行程緊湊異常、日日得走上萬步，依舊毫無怨言，頂多只有鐵腿時上下車需要攙扶而已（如實陳述，嘿嘿嘿）。返台後，學文學又擅畫的她再被我拗推薦序與手繪圖，貨

真價實遭池魚之殃。另一位要特別感謝的，是我和我的朋友們非常欣賞與喜歡的人氣部落客陳小伊，很榮幸能夠邀請她寫序，這本書雖稱不上是龍，但小伊的跨刀肯定有點睛的魔力（握拳）！

「要為有本事的西安寫本事。」我自知本事有限，仍憑著憨膽寫出屬於自己的西安記憶，完成這本妙趣橫生、有血有肉的《走吧！西安有本事，翻玩世界古都第一城！》，讓大家瞧瞧西安多有本事！

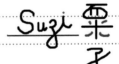

序

Chapter I
三秒識西安

Chapter II
觀光客畫錯重點

Chapter III
祕密客犀利觀察

Chapter I
三秒識西安

搞懂一個地方可深可淺、可長可短，對資訊爆炸又沒啥時間
細嚼慢嚥的現代人，號稱「秒懂」的歸納文便是瞬間「進入
狀況」的偷懶良方。我嘗試以三小段文字，概略介紹西安的
景點、美食與交通，雖非立即打通任督二脈的仙丹妙藥，倒
也稱得上是幫助進入狀況的佛腳牌特效藥！

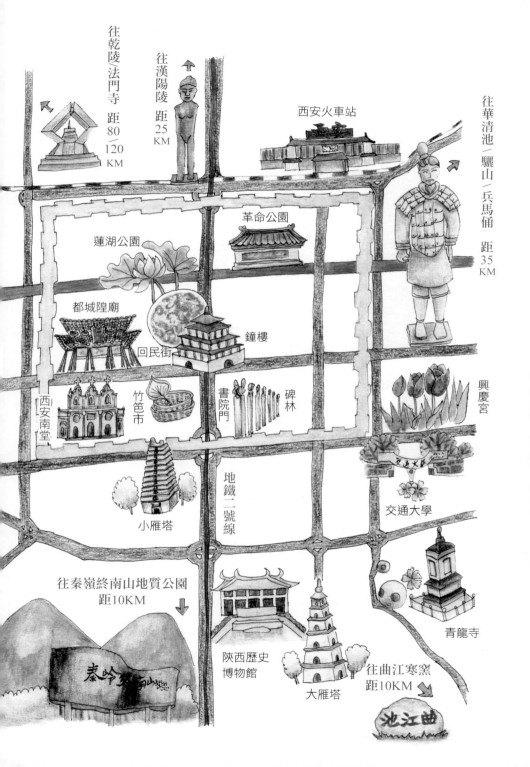

秒懂景點

作為周秦漢隋唐等十三王朝首都，西安不僅長達一千兩百年穩居中國政治、經濟、文化中心，更是連結歐亞世界的絲路起點。名留千古的歷史人物、耳熟能詳的風雲史實，都可在此「一網打盡」！古蹟寺廟、遺跡園區、公園博物館多不勝數，對短暫停留的觀光客而言，有取有捨是宿命也是王道。

城牆內

鐘樓　　　　　位置｜中　　推薦度 ★ ★ ★ ★ ☆

建於明太祖（14世紀下旬）年間，古時擊鐘報晨、擊鼓報暮，因此有「暮鼓晨鐘」的說法，舊時西安居民也是依此作息。

鼓樓　　　　　位置｜中　　推薦度 ★ ★ ★ ★ ☆

與同時期建成的鐘樓稍長四歲，樓上有巨鼓一面，曾因戰亂遭到破壞。今日所見是1996年的復刻版，新鼓直徑達3.43公尺，鼓聲渾厚宏亮，體積榮登中國之最！

回民街　　　　位置｜中　　推薦度 ★ ★ ★ ★ ★

商戶多由回民經營，是品嘗清真美食（泡饃、肉夾饃、柿餅、胡辣湯、烤羊肉等）、逛街購物的民族特色徒步商業區。

西安知名小吃一網打盡

化覺巷古玩街

位置 | 中　　推薦度　★ ★ ★ ★ ☆

位於回民街範圍內,主要販售陝西特色工藝品與具中國風情的紀念品,諸如:皮影、剪紙、舊海報、仿製古董、兵馬俑模型等。　　　　　殺價勿手軟、買多更好談

清真大寺

位置 | 中　　推薦度　★ ★ ★ ☆ ☆

建於唐玄宗年間(742),名列中國四大清真寺,保有許多伊斯蘭珍貴史料。

都城隍廟

位置 | 東　　推薦度　★ ★ ★ ☆ ☆

建於明太祖年間(1387),為陝西省境內最大城隍廟,是西安道教文化聖地。

竹笆市

位置 | 東　　推薦度　★ ★ ★ ☆ ☆

唐時皇城內吏部選院所在,明清時發展為集市,主要經營竹木器買賣,是現今西安僅存名符其實的「市」名街道。

城牆內

城
牆
內

騾馬市商業步行街　　位置│西　推薦度　★ ★ ★ ☆ ☆

市區集購物、餐飲、休閒、娛樂於一體的精華商業綜合區，當地人逛街購物、約會聚餐首選。

類似台北西門町＋東區

蓮湖公園　　位置│西北　推薦度　★ ★ ☆ ☆ ☆

西安現存最早園林建築，園內廣植蓮花。

天主教西安南堂　　位置│西南　推薦度　★ ★ ★ ☆ ☆

耶穌會神父於清康熙年間（1716）購地建造，堂內布置和聖像壁畫均採中式風格。

革命公園　　位置│東北　推薦度　★ ★ ☆ ☆ ☆

青年男女尋覓對象首選，平日有職業紅娘在此擺攤媒合，也可見寫有個人資料的紙條，堪稱西安月老銀行。

碑林

位置 | 東南　推薦度 ★ ★ ★ ★ ★

碑林唐末五代，園區匯集漢至清代的碑石墓誌三千餘件，藏量中國之最。

書院門步行街

位置 | 東南　推薦度 ★ ★ ★ ☆ ☆

鄰近碑林，聚集許多販售書法墨寶、古籍字畫、刻印拓片、皮影剪紙等文藝、工藝與紀念品的商家。

刻印不容錯過

城牆

位置 | 環繞　推薦度 ★ ★ ★ ★ ★

築於明太祖年間，高12公尺、頂寬15公尺、總周長13.74公里，是中國現存規模最大、最完整的中世紀城垣建築。

腳踏車必騎

小雁塔

位置 | 西南　推薦度 ★ ★ ★ ★ ☆

始建於唐中宗年間（707），因型態與大雁塔相似而得名，明嘉靖大地震（1556）導致塔頂毀損，現存13層（原15層）。

入口處可取西安博物院門票

城牆內

城牆外、西安市內

城牆外、西安市內 ◉

西安博物院　　位置｜西南　推薦度 ★ ★ ☆ ☆ ☆

收藏西安各歷史時期文物13萬件，設有歷代陶俑、名家字畫、鎏金飾件等常態展。

大明宮國家遺址公園　位置｜東北　推薦度 ★ ★ ★ ☆ ☆

唐代曾有17皇帝在大明宮處理朝政，是當時世上最雄偉輝煌的宮殿群，昭宗遷都洛陽時遭到毀廢，目前僅存地基遺址。

陝西歷史博物館　　位置｜東南　推薦度 ★ ★ ★ ★ ★

1991年正式開幕，集中保存陝西地區出土的古物，藏品達37萬餘件，時間橫跨百萬年。

可租語音導覽

興慶宮公園　　位置｜東南　推薦度　花季 ★ ★ ★ ★ ☆　平日 ★ ☆ ☆ ☆ ☆

興慶宮為李隆基尚為皇子時的舊宅，登基後與楊貴妃常居於此，唐末遭受破壞，目前為花木扶疏的仿唐主題公園，三、四月為花季。

青龍寺　　位置｜東南　推薦度　花季 ★★★★★　平日 ★★★☆☆

唐時長安城遊覽勝地「樂遊原」所在，804年日本僧侶空海來此向密宗大師惠果法師學習，返日後創立日本真言宗。80年代，日方捐贈千株櫻花遍植寺內，春季花朵盛放，盛況與日本櫻花祭異曲同工。

大雁塔　　位置｜東南　推薦度　★★★☆☆

唐時由玄奘法師親自主持修建，供奉自西域取回的佛教經典與佛像舍利。

大唐芙蓉園　　位置｜東南　推薦度　★★★☆☆

復刻盛唐風貌的大型皇家園林式主題園區。

曲江寒窯遺址公園　　位置｜西南　推薦度　★★★☆☆

以王寶釧苦守寒窯為主線的愛情主題園區。

城牆外、西安市內

西安市郊

半坡博物館

位置｜灞橋區　推薦度　★ ★ ★ ☆ ☆

半坡遺址隸屬新石器時代仰韶文化，使用磨製石器、實行農業耕作，可由此窺知六千年前先民的生活組織與信仰文化。

漢陽陵

位置｜咸陽市　推薦度　★ ★ ★ ★ ★

漢景帝劉啟與皇后的合葬陵園，為漢代黃帝陵墓中保存最佳一座，陪葬坑內有數以千計的陶俑，高約60公分，體現漢代人纖細簡約的審美觀。

華清池

位置｜臨潼區　推薦度　★ ★ ★ ★ ☆

西周即發現此地蘊藏溫泉，唐時楊貴妃沐浴聞名於世，影響中國現代史的西安事變也發生於此。

可聘請導覽員

驪山國家森林公園

位置｜臨潼區　推薦度　★ ★ ★ ☆ ☆

以夕陽美景「驪山晚照」名列長安八景，內含老母殿、烽火台、兵諫亭等景點。

秦始皇兵馬俑博物館 位置｜臨潼區 推薦度 ★ ★ ★ ★ ★

秦皇陵為中國首個規模浩大、布局講究的帝王陵墓，位於陪葬坑內的兵馬俑則具有戌衛作用，完全重現秦軍威武風範，現與長城、馬丘比丘等並稱世界第八大奇蹟。

乾陵 位置｜乾縣 推薦度 ★ ★ ★ ★ ☆

武則天與唐高宗的陵園，是歷代帝陵中絕無僅有的兩位皇帝合葬墓，布局仿照長安城，為唐十八陵中唯一未被盜的一座。

法門寺 位置｜扶風縣 推薦度 ★ ★ ★ ☆ ☆

有「關中塔廟始祖」稱號，寺內供奉佛祖真身指骨舍利，放置於由台灣建築師李祖原設計的合十舍利塔內，每逢六、日與初一、十五開放遊客信眾瞻拜。

西安市郊

秒懂美食

西安人忒熱愛麵粉製品，美食十有七八由它而來，單單一個饃（烤小圓麵餅）就有乾有湯、有夾肉有熱炒，從早吃到晚，一輩子不膩！而名列「陝西十大怪」首位的「麵條像褲帶」，則反映當地居民偏愛寬麵條的喜好，舉凡BiángBiáng麵、岐山麵、削筋麵，無不以Q彈有勁道著稱。至於調味方面，除了肉夾饃是以原味為主，幾乎全都不離酸、辣、麻，對台灣人而言，前兩者還可想像，但由花椒、茴香等辛香料造就的「麻」，屬於平日較生疏的滋味，一入口，舌麻辣感直竄腦門，確是相當刺激的味蕾體驗。

此外，西安住著不少信奉伊斯蘭教的穆斯林（主要集中於回民一條街觀光區），市面上常見寫有「清真」字樣、由回族經營的餐廳或小吃店，供應經阿訇念經宰殺的牛羊雞等牲畜製成的清真食品。需格外留意的是，所有清真館子都不能飲酒，且嚴格禁止在店內提到象徵不潔的豬肉或攜帶豬肉（無論生熟食）入內。基於尊重穆斯林禁忌，當地慣稱豬肉為「大肉」，所以在路上見著「大肉包子」並非肉餡特別大塊，而是指豬肉包子。

········· 鹹食篇 ·········

肉夾饃

推薦度 ★ ★ ★ ★ ☆

酸 ✕　辣 ✕　麻 ✕　　　　　吃時小心肉油亂竄

清真　　　飥飥饃夾臘牛／羊肉

清真 ✕　　白吉饃夾臘汁（豬）肉

泡饃

推薦度 ★ ★ ★ ☆ ☆

酸 自添　**辣** 自添　**麻** ✕　　　　　　　記得先喝湯再吃饃

清真　　牛／羊肉泡飥飥饃

清真✕　　葫蘆頭（豬腸）泡白吉饃

肉丸胡辣湯

推薦度 ★ ★

酸 低　**辣** 中　**麻** 高　**清真**　　超乎飲食經驗的特特特麻口感

以花椒、胡椒為主的濃稠湯底，湯料則有牛肉丸、馬

鈴薯、紅白蘿蔔、海帶絲、粉條、豆腐

麻花油茶

推薦度 ★

酸 ✕　**辣** ✕　**麻** ✕　**清真**　　油到爆炸的無肉鹹食

現炸麻花與牛油、麵粉、花生等堅果為基底的濃稠油

茶混煮一鍋

涼皮

推薦度 ★ ★ ★

酸 中　**辣** 高　**麻** 高　**清真**　　難得有綠色蔬菜的西安小吃

涼皮佐料有辣椒油、醋、芝麻醬，添加牛肚、綠花

椰、黃瓜絲等時令蔬菜

蕎麵餄餎

推薦度 ★ ★ ☆ ☆ ☆

酸 低 **辣** 高 **麻** 中 **清真**   集各種嗆辣於一體

細黑色的餄餎與辣椒油、蒜、芥末乾拌，餄餎口感似蒟蒻麵

BiángBiáng麵

酸 自添 **辣** 高 **麻** 中 **清真** △

將有嚼勁的寬麵條澆上各家獨門濃稠臊子（如番茄蛋、臘汁肉等）與油潑辣子的乾拌麵

岐山麵

酸 高 **辣** 高 **麻** 中 **清真** ✕

臊子以薄豬肉片為主料，講究酸辣油燙的乾拌麵

削筋麵

酸 中 **辣** 高 **麻** 中 **清真** ✕

調味辛辣鹹酸、麵條筋道十足的乾拌麵

三種乾拌麵基本大同小異，調味偏濃但可接受，麵條Q彈厚實，吃一碗可飽半天

推薦度 ★ ★ ★ ★ ☆

灌湯包

推薦度 ★ ★ ★ ☆ ☆

酸 自添　辣 自添　麻 高　清真　　　　　　　　湯包破率稍高

使用牛、羊肉餡的薄皮灌湯包

餛飩

推薦度 ★ ★ ★ ☆ ☆

酸 自添　辣 自添　麻 中　清真　　　　　　餛飩肉香四溢、有麻感

將牛絞肉混入茴香、花椒製成的餡料,包入有厚度的
麵皮內,熟成後置入肉湯內一同上桌

鍋貼　酸 自添　辣 自添　麻 ✕　清真　　　推薦度 ★ ★ ★ ☆ ☆

清真　　將牛或羊肉混和蔬菜的餡料(韭黃牛肉最正宗)
　　　　包入麵皮中,形狀長方,置入圓形鍋內煎烙至熟

清真 ✕　餡料使用豬肉　　　　　現煎口味佳,稍放後嫌油

鍋盔

推薦度 ★ ★ ★ ☆ ☆

酸 ✕　辣 ✕　麻 ✕　清真

發酵麵糰滿火淺鍋烘烤而成

酸菜炒米

推薦度 ★ ★ ★ ☆

酸 高 **辣** 中 **麻** 低 **清真**   油下得重

將酸菜、辣豆瓣醬與肉絲快速爆炒的熱鑊炒飯

小酥肉

推薦度 ★ ★ ★ ☆ ☆

酸 × **辣** × **麻** 高 **清真**   調味重鹹

牛肉醃漬油炸後與牛肉湯蒸至軟爛（類似台灣排骨酥湯）

烤肉   **酸** × **辣** 中 **麻** 高 **清真**   推薦度 ★ ★ ★ ☆ ☆

將牛羊豬肉、內臟與海鮮插在竹籤上以炭火烤熟，過程中會灑大量茴香、花椒等辛香料

肉大塊過癮但貴、肉小塊便宜但幾十串像沒吃

梆梆肉

推薦度 ★ ★ ★ ☆ ☆

酸 × **辣** 自添 **麻** × **清真** ×   類似台灣的煙燻滷味

以豬肉及其內臟、素腸、海帶等燻製的滷味

煎餅果子

推薦度 ★ ★ ★ ★ ☆

酸 × **辣** 低 **麻** 低 **清真** △ 　　　　　　　湯包破率稍高

現烙麵餅打蛋塗上甜麵醬，裹入果子（油條）、蔬菜
等後捲起

△符號 清真、非清真皆有供應

美味度 來自親朋好友的整合意見，必須自首的是，在下有偏好酸甜、不耐辣油、對麻又愛
又恨、喜歡清爽冰多過燙熱甜的偏頗味覺，均會影響星等評判。

甜點篇

甑糕

推薦度 ★ ★ ★ ☆ ☆

使用糯米、紅棗蒸製的軟綿甜糕

八寶玫瑰鏡糕

推薦度 ★ ★ ★ ☆ ☆

糯米為主料蒸製的圓型甜糕，熟後再裹上各種調味果
醬，以清甜微香的玫瑰鏡糕銷路最佳　　類似狀元糕薄版

黃桂柿子餅　　　　　　　　推薦度 ★ ★ ☆ ☆ ☆

將產於臨潼區的火晶柿子搗泥後與麵粉製成麵皮，包

入冰糖、玫瑰、油、桂花、核桃等混和的內餡，再以

油鍋慢煎至熟　　　　眼睜睜看著它被泡在油裡煎，眼口皆膩

酸梅湯　　　　　　　　　　推薦度 ★ ★ ★ ☆ ☆

烏梅、山楂、玫瑰、冰糖等以大鍋久熬後靜置放涼

部分用酸梅粉沖泡的滋味欠佳

鐘樓小奶糕　　　　　　　　推薦度 ★ ★ ★ ★ ☆

西安本地生產的平價雪糕，口味多元

Size迷你、清爽不濃郁

冰峰汽水　　　　　　　　　推薦度 ★ ★ ★ ★ ★

西安本地生產的橘子口味碳酸飲料　氣泡綿密、冰鎮更佳

西安賈三清真灌湯包子館
——回民街店

地址｜蓮湖區北院門93號（回民街範圍內）
交通｜地鐵鐘樓站；公交鐘樓、北院門站
時間｜08：10～22：00
推薦｜牛／羊肉灌湯包、三鮮灌湯包、八
　　　寶粥、麻醬涼皮

麻乃餛飩館

地址｜碑林區西羊市28號（回民街範圍內）
交通｜地鐵鐘樓站；公交鐘樓、北院門站
推薦｜牛肉餛飩、優質牛肉橄麵、麻辣米線

老米家大雨泡饃——西羊市店

地址｜碑林區西羊市127號（回民街範內、
　　　西羊市中段）
交通｜地鐵鐘樓站；公交廣濟街、北門、
　　　西華門、鐘樓站
時間｜06：00～22：00
推薦｜優質牛／羊肉泡饃、糖蒜、辣蘿蔔

定家小酥肉

地址｜蓮湖區大皮院223號（回民街範圍內）
交通｜地鐵鐘樓站；公交廣濟街、北院門、
　　　西華門、鐘樓站
時間｜08：00～20：00
推薦｜小酥肉

燕燕炒米

地址｜蓮湖區大皮院（回民街範圍內）
交通｜地鐵鐘樓站；公交北院門、西華門站
時間｜11：30～22：00
推薦｜兩蛋一腥（雙蛋牛肉）酸菜炒米、酸菜雞蛋炒米

老劉家伊味香肉丸胡辣湯

地址｜蓮湖區大皮院89號（回民街範圍內）
交通｜地鐵鐘樓站；公交北院門、西華門站
時間｜04：30～00：30
推薦｜肉丸胡辣湯、飥飥饃

米旗奶糕鐘樓專賣

地址｜碑林區東大街619號(鐘樓郵局南面門）
交通｜地鐵鐘樓站；公交鐘樓站
時間｜09：00～21：00
推薦｜花生小奶糕、紅豆小奶糕、可可小奶糕

秦豫肉夾饃

地址｜碑林區東木頭市19號（端履門與騾馬市間）
交通｜公交騾馬市、柏樹林站
時間｜07：00～14：00（不定休）
推薦｜雙份肉夾饃、優質肉夾饃、涼皮、粉絲湯

海榮鍋貼館饃——東木頭市店

地址｜碑林區東木頭市19號（秦豫隔壁）
交通｜公交驛馬市、柏樹林站
時間｜11：00～22：00
推薦｜韭黃牛肉／大肉鍋貼、疙瘩湯、椒
鹽蘑菇、松鼠魚

王魁臘汁肉夾饃饃——文藝路店

地址｜碑林區文藝北路175～197（出
文昌門即見）
交通｜公交習家村、文昌門站
時間｜10：00～22：00
推薦｜臘汁肉夾饃、粉湯羊血、冒熱
涼皮、岐山臊子麵

春發生飯店——南院門店

地址｜碑林區南院門25號
交通｜公交大車家巷、南院門、粉巷站
時間｜08：30～21：30
推薦｜葫蘆頭泡饃、辣子蒜羊血、梆梆肉、
溫拌肥腸

BiángBiáng麵——南院門店

地址｜碑林區南院門80號（春發生斜對面）
交通｜公交大車家巷、南院門、粉巷站
時間｜09：30～21：30
推薦｜三合一麵、臘汁肉麵、西紅柿雞蛋
麵、油潑麵

老鳳府削筋麵

地址｜雁塔區翠華路262號（史博物館斜
　　　對面巷內）
交通｜地鐵小寨站；公交翠華路站、雁塔
　　　西路站
時間｜10：00～22：00
推薦｜西紅柿乾拌削筋、肉臊子炒饃花、
　　　辣子肉夾饃

子午路張記肉夾饃—翠華路店

地址｜雁塔區翠華路227號（老鳳府斜
　　　對面）
交通｜地鐵小寨站；公交翠華路站、雁
　　　塔西路站
時間｜24小時營業
推薦｜優質肉夾饃、岐山麵、涼皮、餛
　　　飩、三鮮米線

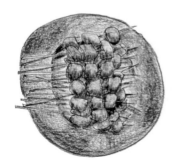

掃描看評價———
OpenRice西安開飯喇！

秒懂交通

在運輸發達的西安旅行相當便利，市區移動可仰賴公交、地鐵，再搭配的士（計程車）與摩的（摩托車的士）；往來機場或市郊則有公營機場巴士、旅遊專線和長途汽車。基本上，大眾運輸班次多、尚稱準時、安全性佳，唯人多擁擠時仍須當心扒手。當地也有發行功能與悠遊卡相仿的「長安通」，地鐵南稍門、緯一街等站詢問處與郵政便民驛站、放心早餐、怡康醫藥一類零售商可購得。使用長安通搭乘公交、地鐵分別可享5折、7折優待，除了支付車費，也能用於小額消費和租賃西安版微笑單車。

公交　　　　　　　　　　　　　　　　推薦度 ★ ★ ★ ★ ☆

活動範圍｜西安市內　　　**價位**｜普通車1元、空調車2元

前往火車站、鐘樓等交通要點班次極多，稍偏僻車站的離峰時間就得有久候的心理準備。車輛普遍略舊，司機開車偏猛，上下班時間載客量大、摩肩擦踵，務必站穩腳步、注意財物安全。

地鐵　　　　　　　　　　　　　　　　推薦度 ★ ★ ★ ☆ ☆

活動範圍｜西安市內　　　**價位**｜起步價2元、最高價5元

車站、班次皆不若台北捷運密集，進站時需將隨身物品過X光機檢查，導致尖峰時間人潮湧塞。

機場巴士　　　　　推薦度 ★ ★ ★ ★ ☆

活動範圍｜機場—西安市內　　**價位**｜26元

班次配合飛機抵達時間，由機場直達市中心各大要點，非常便利。

旅遊專線　　　　　推薦度 ★ ★ ★ ☆ ☆

活動範圍｜西安市內—旅遊景點　**價位**｜短程2元，長程22元

游5（火車站—華清池—兵馬俑），其餘班次不多，往返漢陽陵1或2小時1班，至乾陵更只有1天1班。

的士　　　　　　　推薦度 ★ ★ ★ ☆ ☆

活動範圍｜西安市內、景點包車　**價位**｜綠色起跳6元、黑色起跳8元

車資低、速度快，但常有攔車不易、不願前往塞車路段，或因換班拒載等情形。

摩的　　**活動範圍**｜西安市中心　推薦度 ★ ★ ★ ☆ ☆

心臟強度★★★★★★★★★★　　　　**價位**｜10元起跳

見縫就鑽、適合短線移動，主要流竄於鐘樓、東西南北大街與回民街觀光區，常因不遵守交通號誌與規則險象環生。車資由師傅隨心喊價，最多可載4人。

Chapter II
觀光客畫錯重點

向來是個不怎麼負責任的觀光客，對景點從未有非看不可的衝勁或非去不可的壓力（最津津樂道的例證，就是去了西藏卻沒登布達拉宮），萬事順其自然就好。這樣無欲無求、悠悠哉哉的旅程，在我陰錯陽差接下指南書任務後，已成為昨日黃花，停留西安期間，日日汲汲營營、東奔西跑，勞心勞力外加鐵腿腳起泡，疲憊至極不免感嘆自討苦吃。熟料，失之桑榆、塞翁失馬，當時以為的苦其實是天賜的回甘—「被迫」多走多看的契機，意外增添無數妙趣記憶，值得反覆回味再三。當然，其中很大很大很大一部分都是來自粟子小姐天賦異稟的胡亂觀察（看書就能窺知七八）和活靈活現的肢體表演（親朋好友的沙發特權），簡言之，就是畫錯重點啦！

打洞不作廢

驗票員的動作讓所有人都驚呆了……

「咯咯！」使用「一卡通」參觀鐘樓前，竟遭臭臉驗票員毫不遲疑地打洞，
旅伴和我驚得目瞪口呆，因為這並非其他遊客所持的一次性紙本票券，而是
使用效期一整年的塑膠磁條卡（打洞瞬間看得出格外費勁），當日距離到期
還有7個月吶！被意外打洞的「一卡通」全名「陝西旅遊年票一卡通」，是
遊西安背包客的必備省錢良方，只要有它在手，就能在以陝西省為主的全國
數百個售票景點享有免費（單次或不限次）、折扣（半價或優惠價）福利，
對比動輒破百門票，不到百元的「一卡通」可謂划算至極。

鐘樓地處西安市中心的圓環中央　　　　圓環人行地下道的複雜通道讓人暈頭轉
　　　　　　　　　　　　　　　　　　向，電子看板堪稱救命丸

Information of
陝西旅遊年票一卡通

地址｜西安市新城區西七路266號，陝西旅遊年票發行辦公室院內一樓101室

電話｜029-83136688

票價｜零售價98人民幣（陝西旅遊年票一卡通、使用手冊）

網站｜www.029-china.cn（含淘寶網購票連結）

經銷點｜海外旅行社（南大街110號鐘樓飯店二樓229室）、鐘樓郵政分局
（北大街1號）、金航線旅遊（小寨東路126號百隆廣場A座8層，近陝西歷史
博物館）、碑林區旅遊諮詢中心（近三學街、碑林博物館）等。

注意事項｜一卡通僅限本人使用，申辦時需準備一張一吋大頭照，按說明自
行黏貼於年票，重覆沾黏或更換照片都會導致卡片失效。

Summary

西安市區與周邊景點多不勝數，為有效整合旅遊資源，「陝西
二十大景區優惠年票發行辦公室」與「錦繡江山全國旅遊年票辦
公室」於2005年開始聯合推出「陝西旅遊年票一卡通」，卡片於
每年年初發行、效期一年，例如：2016年版期限為購票當日至
2016年12月30日，正反面皆有防偽設計。需留意的是，一卡通的
優惠在例假日、春節、十一等假期會有所縮減甚至取消的情況，
詳情請見使用手冊。

輕敵的代價

出發前查資料，「一通卡」網頁不只製作精美內容也詳盡，從適用範圍、優惠資訊、購買管道甚至是貼照片的枝微末節，無一遺漏。基於在台購入淘寶網商品存在郵寄費較高、給款相對複雜等因素，便決定到當地再入手，看著長串的實體經銷點，我再度發揮華人的「差不多」個性：「意思就是郵局、旅遊諮詢中心等等到處都有，隨處可見、隨見隨買，免煩惱！」如此不較真的輕薄態度，果然讓自己付出代價……

「請問有『一卡通』嗎？」鼓樓旁的旅遊諮詢中心門面寬敞，櫃台前坐著一整排身穿制服的年輕服務員，三三兩兩形成聊天小團體。聽到我的「諮詢」，先是面面相覷、再是低聲討論，最後推派一名代表回覆：「這兒沒有！」「哪裡有呢？」聽到我的第二度「諮詢」，眾人熟練地

貼有「旅遊年票」類似字樣　　　　幾經曲折購得一卡通後，曾經
廣告才是銷售點　　　　　　　　　遍尋不著的銷售點奇蹟般地隨
　　　　　　　　　　　　　　　　處可見！

重複上述步驟，答案同樣是斷然的否定句。繼續往前，又遇上一間旅行社服務處，負責接待的中年大嬸相當熱心，向坐在身背的同事逐一打聽。雖然答案依舊是「沒有」，卻得到相當珍貴的情報：「往前的鐘鼓樓廣場旁有間沖印店，可能會有。」旅伴與我滿頭問號，印象所及的銷售點百百款，獨不見「沖印店」？

眼前的「國榮數碼沖印」門面不顯眼，店內擺設陳舊簡單，鼓起勇氣往內一探，立馬獲得爽快答覆：「有，幾個？」再次印證「人不可貌相」及「不入虎穴焉得虎子」的明訓。達成任務才發現，沖印店門口柱上貼著一張褪色的「旅遊年票」廣告，而這正是「販售一卡通」的point——只要見著這張紙就有卡可買。有趣的是，自從有了「一卡通」，轉角的書報攤、途中的旅遊中心（感覺只有第一日遇到的沒有，奇怪捏？）通通有售，之前的「遍尋不著」彷彿是對輕敵旅人的小惡魔式懲罰。

1. 非所有旅遊諮詢服務中心都有販售一卡通
2. 多虧這間「不務正業」的沖印店
3. 一卡通可助旅客省下可觀門票費用

卡片的特權

自成為「一卡通」的一份子，便屢屢嘗到「特權」的滋味──有的可以直接刷卡入內、有的得到指定售票口購買，有時可以免去排隊的麻煩、有時得花更多心力打聽，總之這便宜佔得並不輕鬆！「您這卡兒消磁了吧？不能用。」明明是第一次使用卻遭到晴天霹靂的指控（事後證明我的卡兒根本沒問題，是沒給初出茅廬的它再一次機會），負責驗票的小哥不理吹鬍子瞪眼的我，直接將旅伴的「一卡通」快刷兩次（此景點可於一年內無限次數進入），再次體會中國人最拿手的「權宜之計」。

因「一卡通」而享用的眾「特權」中，以武則天所葬的乾陵景點最是豪華，而這一切都是源於官商勾結的小貪念⋯⋯。搭乘公家營運的旅遊專線游3，本以為可免去擾人推銷糾纏，未料竟是直接「羊入虎口」，巴士停在偏僻的小型售票口，所有人都得參加額外付費的電瓶車遊覽行程。如綿羊般擠上電瓶車，還處在驚魂未定狀態，唯二使用「一卡通」的台胞又被叫去坐另一台車？「大家夥兒等會兒，先載這兩人去東門買票（旺季憑卡門票由122人民幣優惠至102元，但需於景區大陵

一卡通在乾陵享受女皇般的待遇

叼菸大叔專車專送至專門售票

一卡通於寒窯出師不利，所幸衰事不過三

掃描看影片——
冷冷的冰雨在臉上胡亂的拍

東門購買）。」別於旁人一頭霧水，我倆倒是老神在在：「因為有『特權』嘛！」為了使用「一卡通」優惠，無門無窗無安全帶的電瓶車化身超跑，飛速奔馳在落雨的泥濘崎嶇小道，腦中自動撥放「冷冷的冰雨在臉上胡亂得拍」，不到十分鐘便抵達熱鬧的東門售票口。「咱得趕緊回喔！」開車的叼菸大叔瀟灑非常，吸了一路二手菸的我只得默想：「免費專車接送！唉，又是『特權』的代價。」

整體而言，「一卡通」確實可助遊客省下不少門票支出，而且去得景點越多越划算。當然，設計優惠年票的團隊也是精打細算的高手，越熱門的景點給得優惠越少，最最最火熱的兵馬俑甚至不見蹤影，畢竟一定要去的何必給折扣？「往前走！」故事回到打洞後30秒，回神的我試圖質疑驗票員的脫軌行為，手沒停的他只是像機器人般冷著臉繼續剪票，並以淡漠的語氣催促咱們別堵在入口。儘管洞打在看似無害的卡片邊緣，並不影響它的功能，還是怎麼看怎麼彆扭，試想誰會無緣無故在不作廢的卡片上打個洞？

三顧王寶釧

苦守寒窯的代價竟是一座愛情園區？

「除了另一對同樣搭小巴到此的陝西老鄉，這裡呈現完全沒人的狀態。走進偌大的寒窯風景區，只見為美化景觀而種植的整排瓜藤，乾的乾、枯的枯……」（摘自《玩大陸・沒事兒》）回想與王寶釧的緣分，始於「我還年輕」而「她已作古」的2005年，當時寒窯仍保有王寶釧當年「貧寒之窯、思夫之窯」的落魄氣氛，員工三三兩兩、遊人零零落落，是個名氣響亮但實際荒僻的「待開發」景點。之後數年，我陰錯陽差地一而再三造訪，探望釧姐姐的頻率更勝她那渺無音訊的老公薛平貴！

因秦腔經典「五典坡」（又名「王寶釧」）傳唱陝西的薛平貴與王寶釧，在台灣同樣藉著傳統歌仔戲「紅鬃烈馬」聲名大噪，楊麗花、葉青都在電視上扮演過這位「被迫」娶兩個皇后的傳奇人物薛平貴，而唱詞「身騎白馬過三關，改換素衣回中原」更是無人不知的歌仔戲代表性曲目。相較只是多了幾條皺紋、長了幾根白髮的「邁入輕熟」的我，初見純樸乏味的「寒窯遺址」已升等成花俏時髦的「愛情主題文化公園」。活用傳統戲曲的商業頭腦與宛若變臉的整體營造，恰是中國改革開放後全方位翻天覆地、突飛猛進的又一鮮活例證。

曲江寒窯

Information of
曲江寒窯遺址公園

地址｜西安市雁塔區曲江池東隅

電話｜029-85565555

時間｜AM09：00～PM09：00

票價｜平日60人民幣、假日100人民幣

交通｜公交「寒窯遺址」站212、801、曲江新景線；公交「寒窯路西口」站22

周邊｜曲江池遺址公園、大唐芙蓉園、秦二世陵遺址公園

Summary

園區常見愛情主題的
裝置藝術

以王寶釧祠堂為主體的寒窯初建於清代，1980年中由當地鄉政府出資修繕，以旅遊景點型態對外開放，近年再經整體營造，發展成集寒窯遺址、休閒娛樂與婚慶活動於一體的愛情主題公園。園區以「王寶釧苦守寒窯十八年」故事為主線，展示與王寶釧相關的寒窯古院、思夫亭（當地人感念其堅貞而於1984年修建）、三姐泉（苦守寒窯期間使用的泉水，由於王寶釧排行第三，故稱三姐泉）、貞烈殿、飲馬池（相傳薛平貴西征凱旋歸來，駕紅鬃烈馬與王寶釧團聚時，坐騎曾在此飲水）之餘，也有許願池、鵲橋、歐洲風情教堂、驚世情緣景觀雕塑牆、海枯石爛景觀園林等愛情相關系列藝術造景，也設有可懸掛徵婚卡片的竹林，可謂活化民間傳說的多元觀光景區。儘管王寶釧很可能只是戲曲中的虛構人物，卻因為馬拉松式的超強耐力，成為深植人心的經典癡情女，今時今日曲江池一帶罕見薺菜，當地人便堅信是她苦守寒窯時挖食殆盡的結果。

謎樣的公交

步出地鐵緯一街站，在雨中急行幾個街口，仍尋不著開往寒窯的公車站，鼓起勇氣開口問，當地人也是一臉「懵」。眼見即將落入鞋子濕、人疲憊的最惡狀態，「錢要花在刀口上」的箴言瞬間浮現腦海，當機立斷揮手打的（招計程車）。「有到寒窯的公交，但車不多，咱也不知得在哪兒等、等多久。」一心求甚解的我向的士師傅打探站牌所在，耳聞地頭蛇也摸不著頭腦，人生地不熟的背包客立即釋懷。

開往寒窯途中，有道路越來越寬、視野越見開闊的趨勢，師傅語帶神氣：「曲江一帶整治得可好，蓋樓、發展，早些年這兒可都是荒地呢！」如同台灣的幾期重劃區，地處西安市郊的曲江新區交通雖不若中心便利，卻是擁有大片荒地可供規劃揮灑的空間暴發戶，於是主題園區大興土木、地產建商蜂擁推案，造就數月一變、一年幾翻的飛速進步。「變好多、真的變很多！」台胞嘖嘖稱奇的同時，車已默默迎著塵土靠邊：「沒法到景區門口，您得自個兒走過去，就在那兒！」師傅使出牧童遙指杏花村的招數，距離沒有200也有150公尺（既然搭計程車不就圖個偷懶？！），走路事小，「無車可回」才是咱們掛心的重點。「這兒打的難，您可到那大路上碰運氣，應該也有公交，沒見著，就問問人唄！」師傅的回答很明確也不明確，神出鬼沒的公車始終不見蹤影，先煩惱無益，一切就待遊完寒窯見真章！

始終未見營運的輕軌列車

寒窯景區地處曲江新區，有大把空間可供任意揮灑！

寶釧整容後

「釧姐變甘靚！」幸運如我，有機會目睹王寶釧的變臉三部曲—清新純樸的整容前、灰頭土臉的整容中與光鮮亮麗的整容後，徹頭徹尾的升級更勝醫美診所「宛若重生」的見證廣告。猶記得2009年偶然乘車行經寒窯，景區全被鐵皮圍籬遮蓋，從露出的縫隙可瞄到數台怪手如火如荼趕工，陣仗就與一般建築工地無異，刨光挖開就為「打掉重練」！「但，這不是遺址嗎？」見我們目瞪口呆，的士師傅一派泰然：「遺址不就是塊地兒，上頭本來也沒啥，現在重搞，不是更新更好麼！」果然，五年後再見，寒窯已徹底脫去原本灰噗噗的土氣，成為吸引情侶沾喜氣的約會熱點。

金玉良緣、秦晉之好、舉案齊眉、人面桃花……如今的寒窯從眼睛看的景、腳下踏的磚到賣東西的攤，裡裡外外都是以「愛情」為核心的裝置藝術。其中，最醒目的正是綿延景區、以剪紙藝術為概念的驚世奇緣景

黑天鵝十分應景地雙宿雙棲　　　雕像依舊在、景物已全非

　　觀雕塑牆，羅列中國伏羲與女媧、牡丹亭、西廂記、牛郎織女、白蛇傳
與西方亞當夏娃、羅密歐與茱麗葉等「十大經典」。儘管多是有點兒觸
霉頭的崎嶇戀情與悲劇愛情，但中西合璧的「世界級」取材，全然展現
這兒作為「中國第一個愛情主題公園」的騰騰氣勢！「以前這全是田地
和土路，現在全變了模樣。」我指著精心打造的造景山與人工湖，彷彿
白頭宮女話當年，如此出乎意料且滄海桑田的轉變，或許也是薛氏夫妻
相隔多年後再見的感觸。

蠟像依舊在

穿過寫著「寒窯」的中式牌樓，眼前畫面終於開始和記憶重疊，窯洞、水井、思夫亭（據傳是王寶釧遠眺盼夫的所在）、王寶釧塑像，熟悉的原班人馬清一色換新裝，不是重新上漆就是門面拉皮。「所以，這表示我的『老朋友』寶釧與釧媽的蠟像都還在～」（請用說鬼故事的無力氣音）位在景區右側、依山丘鑿建的寒窯古院堪稱遺址的核心，其內將「五典坡」的重頭戲─別窯、茹苦洞、探窯、妖馬洞等一一用蠟像重現，遊客得以「身歷情境」地重溫薛平貴與王寶釧的分合始末。未料，這套看似貼心的「用蠟像說故事」，卻因為神出鬼沒的設計與青面獠牙的燈光，猶如兒時元宵燈會的恐怖版，成為我多年來揮之不去的「活見鬼」夢魘……「尤其當心釧媽，她可是躲貓貓高手！」入洞前，再三恐嚇旅伴「當心蠟像出沒」，想當年，我就是被這位滿頭白髮、無聲無息窩在角落的老太太，驚到強要閃尿！

懷著戒慎恐懼的心情踏進洞穴，果然沒幾步就與老朋友相會，「可惜」由於心裡早有準備，加上照明設備獲得改善，導致兩母女未能重現「鬼娃恰吉」般的駭人效果。「感覺還好耶，是妳誇張吧！」旅伴誠實說出感想的同時，我不僅明白自己在她心目中的「誇大不實」罪證又添一筆，更體會放羊孩子在野狼真正來時的追悔莫及。

1. 進鬼屋？不不不，是遺址入口！
2. 西安偶爾可見類U-Bike租借站
3. 「找36歲以下未婚160cm以上」那不就是我！？

其實是不巧

坦白說，「寒窯遺址＋愛情主題文化公園」是個噱頭足但無真文物（薛平貴與王寶釧本身就是戲曲虛構的人物）的景點，之所以能在西安動輒上千破萬年的世界級古蹟中脫穎而出，靠得就是耳熟能詳的高知名度，試問誰不想站在寒窯門口唱（無論是葉青的傳統戲曲版還是徐佳瑩的流行歌曲版）「哇身騎白馬啊～」？！造訪此地，心理滿足肯定高於實際所見，按照指標走完一圈，也就稱得上功德圓滿。

循著來時路往外，可見一條筆直無人的大馬路，按照的士師傅「應該有公交」的說法，這兒「應該」能見著正在跑得公車或豎立路旁的站牌。不過，我們遭遇的情況是，沒有、什麼也沒有！遠處走來兩位拎著菜籃的大媽，模樣就是當地人無誤，她們雖有心幫助兩個揹著背包、看來落魄的外地女人（毛毛雨導致頭髮塌亂），卻完全使不上力：「唷！這我

也不曉得呐，咱都是剛搬來的，這兒也不熟。」大媽很負責任地左顧右盼一陣加竊竊私語討論，結局還是「不知道」。人爭一口氣，旅伴與我決定自立自強，在忽強忽弱的陣雨中展開徒步長征，穿越曲江池遺址公園（王維「三月三日曲江侍宴應制」就是描述唐玄宗攜群臣至此過節的情形）、唐城牆遺址公園，最終到達遠在3公里外的大唐芙蓉園。途中，我們不只數度遇到西安版的U-Bike租借站（可惜無法租用），更屢屢碰到先前遍尋不著的公車站（無奈定時班次剛過），所以公交的確有，可惜沒在需要的時候碰上。經過在曲江畔一番腿痠腳麻的曲折，我的感想是，失蹤沒有謎團，只是不巧而已！

「寶釧，妳變了！」如今的寒窯遺址堪稱西安善地名人資源「借題發揮」的代表作，不僅重現戲曲「武家坡」的點滴，更「穿鑿附會」地結合「愛情」主題，成就古今混搭的複合式觀光區。有趣的是，類似寒窯的遺址型售票景點在西安所在多有，鴻門宴、大明宮、曲江池、漢城湖、阿房宮……無論剩下的是土堆、木樁、河川或湖泊，只要「地點」無誤，其他樣樣都可「後補」並且「發揚光大」！

印象中這「洞娘娘」廟過往是寒窯員工宿舍

花兒頭上戴

花季看花理所當然，人比花嬌絕非偶然

每逢春暖花開，人們總是不辭辛勞上山下鄉，冒著駢肩雜遝、行車堵塞的風險，也要一睹奼紫嫣紅的燦爛美景。如此「季節限定」的雅興不僅風靡台灣，遠在千公里外的西安民眾也好「拈花惹草」，每年3月底至4月初，位居市區的賞櫻名所「青龍寺＋交通大學＋興慶宮」連成一氣，交通便捷、免費開放，自然吸引洶湧人潮。不過，不知是為相得益彰還是爭奇鬥豔，前來賞花的女性（甚或男性）服飾色彩異常奔放，漫步花海中，形成一種無心插柳的保護色，花不溜丟的花俏畫面看得我眼花撩亂！

更特別的是，即使身畔真花圍繞，販售假花圈、假花環、假花束的小攤依舊生意火爆，青年男女不只手拿、身掛還頭戴，一身假花行頭在一片真花間顯得格外突兀。往好處想，這群塑膠花消費者可能是基於不忍、不能或不願攀折真花木卻又非帶些紀念品不可的心境，於是退而求其次，成就「將真花留給風景、將假花帶回家裡」的妙趣結局。

青龍寺為西安春季
賞櫻名所　　　　　獨沽一櫻　　　　　　　興慶宮百花齊放

Information of
青龍寺

地址｜西安市雁塔區鐵爐廟一村1號

電話｜029-85521498

時間｜AM09:00～PM05:00

門票｜免費不免票（遊客憑證件領取，平日每天限量發放6,000張、假日8,000張）

交通｜公交「青龍寺」站，19、25、41、45、118、237、242、521、526、607、
903、游6等車班行經。

周邊｜西安交通大學、興慶宮

Summary

青龍寺為中國佛教密宗名剎，又名石佛寺，地處唐長安城東南角高
地、同時也是當時遊覽勝地「樂遊原」所在，詩人李商隱〈登樂遊
原〉就是以此為發想。寺院創建於隋文帝開皇2年（662），唐德宗貞
元20年（804），日籍法師空海（774～835）特地飄洋過海求教，向
密宗高僧惠果（743～805）學習學習真言宗與大日經，返國後於奈良
東大寺創立日本真言宗（簡稱東密）。由於空海曾在青龍寺修行，此
地因此被視為日本真言宗的祖庭。北宋哲宗元祐元年（1086），建築
遭到破壞，不復過往僧侶成群、講經修行盛況。官方自1963年起，開
始對青龍寺進行系列考古調查，陸續在遺址上修建惠果空海紀念堂、
空海紀念碑與出土文物展室等，逐步重現寺院昔日風華。80年代，再
將日方捐贈的千株櫻花樹廣植寺內，更添清麗古意。

Information of
興慶宮

地址｜西安市碑林區咸寧西路55號

電話｜029-82485349

時間｜5月至8月05:30～20:30、12月至隔年2月06:30～18:30、其餘月份
06:00～19:30

門票｜免費

交通｜公交「興慶公園」站，7、45、351、402、410、512、607、800、910、
教育專線等車班行經；公交「興慶公園北門」站，8、27、37、43、102、203、
300、604、K630、704、714、903等車班行經；公交「興慶公園東門」站，228、
237、240、401、408、517、525等車班行經。

周邊｜西安交通大學、青龍寺

網址｜www.xingqinggong.com

Summary

興慶宮原是李隆基稱帝前與兄弟同住的舊宅「隆慶坊」，登基後，為
避諱而改稱「興慶宮」。玄宗在位期間，與愛妃楊玉環長居於此，宮
內廣建興慶殿、南薰殿、大同殿、勤政務本樓、花萼相輝樓等，為當
時中國政治中心。唐末，興慶宮開始毀壞，清初更變作農用。1958
年，配合交通大學（前身為1896年創辦的上海南洋公學）遷校西安工
程，將興慶宮遺址規劃為西安市內面積最大（佔地超過15萬坪）的主
題公園，園區內有興慶湖與沿用唐代舊名的沉香亭、南薰閣等仿古建
築，給烏煙瘴氣的水泥叢林增添綠意。

仿唐建築新而雄偉　　青龍寺見證一段中日師徒緣

佛緣，花果

初春，是造訪青龍寺的最佳時機，盛開的櫻花樹與仿唐建築層層疊疊、巧妙融合，與千里外姊妹市—京都異曲同工，漫步落英繽紛的寺內小徑，確是自然賜予人間的無價風雅。青龍寺的繁花盛景，源於30年前日本四國的慷慨捐贈，無因不成果，這份善施與樂受的良性循環，又可追溯自唐時中國高僧惠果與日本留學僧空海，連結前世今生的師徒情誼。

「我倆宿緣深厚，多次相約來到人間，弘演密藏佛法，彼此代為師徒。這一世，你在西土接我足跡，我亦將東生入你之室，一切都在冥冥中安排已定……」惠果對極具慧根的空海傾囊相授，助他在短短時間內將唐密精髓玄奧融會貫通，成為密宗第八代宗主。千年前飄洋過海的密宗思想、千年後落地生根的祈願櫻花，這份由人與人延伸至國與國的善因緣，見證中日文化交流史上溫潤平和的一頁。

世界和平才是人類之福　　　　　　　　　　鎮篇之寶──花兒頭上戴

速審，誤判

自點閱網路流傳的青龍寺春遊櫻花照，旅伴與我皆抱持濃濃懷疑，畢竟如此清爽清麗清潔的清雅景致，放眼全世界，獨獨日本有此能耐，台灣不敢說、大陸更不好說……。來到青龍寺，正門牌樓高掛「熱烈歡迎各界人士踏青遊園觀賞櫻花」的大紅布條與可比京都的美圖海報，參觀人潮從四面八方（除了氣勢恢弘的正門大道，還有循附近崎嶇土路而上的識途老馬）湧入，很有花季開跑的騰騰氣勢。

穿過牌樓，耳畔傳來「咚吱咚吱」的重節奏音樂，並非「姊姊」女神駕到，而是販售湖南炭烤臭豆腐的廣告，不斷重播的跳針內容堪稱最棒的洗腦教材。繼續往前走，人流最豐的步道旁，可見綿延數十個臨時攤位，不只湖南臭豆腐、台灣烤香腸（在此必須鄭重向西安商人喊話，勿將再難吃的粉紅色熱狗當作油滋可口的台灣香腸）、火爆大魷魚等香味猛烈的小吃，也有賣益智玩具、套裝童書、塑膠花的商販甚至推銷周

買假花、看真花，如此才不會亂摘花？　　櫻花雖美、吃粥更樂

邊建案的房仲，熱鬧多元的程度，再次印證人潮等於錢潮的定律。「只是，說好的櫻花呢？」儘管處處強打「櫻舞，春意濃」的櫻花節宣傳，卻始終只見「小樹兩三株」，更遑論花海勝景，自認已繞完整個園區的我們速審速決：「判青龍寺櫻花『言過其實』罪成立。」

鎩羽而歸前，碰巧經過一個出入非常密集的泥土窄路，兩側蹲坐數位伸手乞討的老嫗，向內一探，才發現柳暗花明—整排盛開的櫻花樹上繫著滿滿的紅色許願帶，紅絲帶與繚繞香煙十分契合，原來這兒就是惠果空海紀念堂的所在。「差點錯怪青龍寺！」我由衷感謝佛祖指引，這才免於犯下妄言戒律。特別的是，由於適逢初一，寺方在紀念堂一隅舉辦免費施粥活動，男女老幼在粉嫩櫻花樹下或蹲或站豪快吸麵喝湯、漱口剔牙，此情此景，實在有種「烏龜吃大麥」的感慨。

柳暗花明櫻花道　　　　　　　　　人潮＝錢潮

誤撞櫻花季

紀念館內的櫻花小道對專程而來的觀光客而言，稱得上「雖不中亦不遠矣」，只是離去前，心中仍有個未解疑惑：「怎麼從頭到尾都沒拿到票？」根據手上資料，青龍寺花季雖免費對外開放，卻強調「不免票」，旅客須憑身分證件領取，一人一日限定一次，藉此控制入園總數。「會不會在這兒？」旅伴眼尖瞧見一群人手持身分證往一處擠，典

寺內櫻花盛放

型的中國式亂中有序購（換）票實況，我趕緊把背包細軟託付於她，手捏台胞證往人堆衝去。「讓一讓啊！」經過一番不屈不撓的搏鬥，終於順利把證件遞給售票口另一頭的小妹。「這是啥證件？」她轉頭問同在售票房內吃零食的其他女孩兒，擔心唯一身分證明文件離開視線的我急急解釋：「台灣來的，只有台胞證。」「喔。」小妹似懂非懂應聲，隨

即遞上入場票。就在我歡天喜地完成任務的下一秒，一位大嬸咻地湊到身旁、連珠炮提問：「這是幹啥的？為啥要這票？這票要錢麼？」原來，抓瞎的不只我們這等外來客。

穿過窄門入內，旅伴與我恍然大悟：「這才是櫻花季！」沒有叫賣的招攬喊聲與混雜的食物氣味，各種色彩品種的櫻花大片盛放，攝影熱點俯拾即是。雖說拍來照去都是花，但換個角度又是另一番非捕捉不可的光景，於是有手機的舉手機、有平板的舉平板、有相機的舉相機……快門啪啪啪、不亦樂乎。

賞花之餘，穿梭其中的「人類」更是錯過可惜的亮點，以西安市民為大宗的遊客非常熱衷與櫻花自拍，而且越近越好……曾目睹一位花樣少女在不折斷樹枝的前提下揪著枝枒，以便能夠同時入鏡；又一位熟齡大媽在不扯下花朵的前提下扭著花瓣，就為營造人比花嬌的媚態；還一位西裝褲大叔在不拔起樹根的前提下摟著整棵樹，難道是想和櫻花樹稱兄道弟！？相較上述特色人物，最令我們豎起大拇指的，莫過頭戴豔紅花圈在櫻花樹下合照的情侶檔，他倆一面擺出各款老派姿勢，一面請隨行攝

影師（推估是有佛心的單身友人）逐個捕捉，等級可比婚紗寫真集……

總之，為了拍張能令親友網友博友欽羨的春季賞櫻照，姿勢再痛苦（微半蹲、點腳尖）、角度再奇特、時間拉再長都不要緊，只要照片效果滿意就好。

身處櫻花綻放的青龍寺，到底該做什麼好？獨自前來的婦女是我心目中的最佳示範──悠哉地坐在板凳上，低頭剝栗子、抬頭賞櫻花。話雖如此，趕著跑行程的我們，也只能趁歇腿時快速塞下補充體力的鳳梨酥、檢查剛拍得照片有無晃動或糊掉，接下來又是一陣腳不沾地的奔馳。

四國櫻花樹在西安青龍寺落地生根

微笑天體營

地下宮殿有男有女有豬有狗，竟然全都沒穿衫！

記得十年前，還是少女的我有幸造訪尚未陷入債務危機的希臘，當時無論觀光客還是本地人一律悠哉快樂，名符其實的人間天堂。米克諾斯的天體海灘尤其笑聲不斷，穿著特辣爆緊泳裝的男女隨著音樂扭動、活色生香，儘管脱光光的天體族不若想像中多，但偶爾出現的露臀毛絨大叔已讓「不安好心」的亞洲人既驚又羞。「如果零星裸體戶已經難以招架，整片裸體群豈有不噴鼻血的道理？！」這種「愛吃又裝小心」的心態，在鄰近咸陽機場的漢陽陵獲得全面性的藝術滿足，因為這兒可是一處能夠細細端詳的千年微笑天體營！

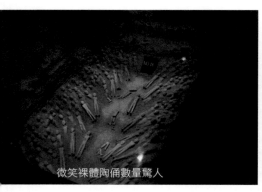
微笑裸體陶俑數量驚人

運用現代科技的新式博物館

漢陽陵看似荒涼，實際好戲在下頭

開創文景之治的漢景帝就長眠於此

Information of
漢陽陵

地址｜陝西省咸陽市渭城區正陽鎮張家灣後溝村北（咸陽國際機場專線公路東段）

電話｜029-86032883

時間｜AM09:00～PM05:00

門票｜旺季（3月1日～11月30日）AM08：00～PM07：00、淡季（12月1日～2月
28日）AM08：30～PM06：00

交通｜至公交「圖書館」站或地鐵「市圖書館」站D出口搭乘公交游4（市圖書
館直達漢陽陵，市圖書館發AM08：30、AM09：30、AM10：30、PM12：00、
PM01：30、PM03：00、PM04：00、PM05：00；漢陽陵發AM09：30、AM10：
30、PM12：30、PM01：30、PM03：00、PM04：00、PM05：00、PM06：
00）；咸陽火車站乘公交咸陽5路，尾站即漢陽陵

Summary

漢陽陵是漢景帝劉啟（西元前二世紀）與皇后的合葬陵園，位於西安
市東北方，修築耗時28年，是漢代皇帝陵墓中保存最完好的一座。依
照目前的考古研究，漢陽陵主要由帝陵、后陵、南北區從葬坑、禮制
建築、陪葬墓園、刑徒墓地等組成，規模最宏偉的帝陵外圍放射狀分
布81條從葬坑，如同皇帝生前朝廷中的81個文武機構，重現天子臨朝
時的威儀。漢陽陵作為漢景帝身後的地下王國，除體現漢人「事死如
生」的喪葬觀念，豐富的陪葬文物更完整再現漢代的宮廷文化與社會
生活。為妥善保護與展示兩千年前的珍貴文物，官方於原址建築可控
制溫濕條件的現代化博物館，遊客可透過坑道中的透明地板，近距離
觀察墓葬坑道內情形，宛若重回「文景之治」的安居時代。

他鄉遇同鄉

為搭乘開往漢陽陵的定時公車游4，在我一貫杞人憂天的催促下，提早數十分到達地鐵市圖書館站，使腳不沾地的狂走旅途中，難得有守株待兔的慢活時光。相較爭搶厲害的通勤公車，開往景點的游4顯得生意冷淡，中巴僅坐了三成。除了車體老舊、引擎轟隆、避震欠佳、沒有空調、窗戶故障、開高速公路上明顯力不從心（不僅一直被後車超越，車子也發出快解體的聲響），稱得上是一台划算（票價2元）可靠（準點出現）又稱職（車內貼滿各式漢陽陵簡介）的公營旅遊專線巴士。

眾乘客中，一組由中年夫妻加幼稚園女兒的家庭格外覺得特別，倒不是爹特帥、娘特美、娃兒特可愛，而是他們的互動令我覺得很「熟悉」，這種熟悉，簡單說，就是狼性強國人罕見的客氣。「不好意思喔，請問幾點有車回去？也是在這裡搭嗎？」經過40分鐘搖晃，總算到達終點漢陽陵，羊爸爸在妻女的眼神逼迫下怯生生開口，本已在熄火車內閉目養神的司機一臉臭：「（站）牌兒後頭有寫。」「謝謝、謝謝！」聽他

逮丸郎「不好意思」購票中　　　　　　站牌背面寫有明確發車時間

欲搭未罕見游4，
需至地鐵市圖書館站外站牌等候

看到站牌便安心大半

游4準時現身，當地人退散、觀光客蜂擁

一家對話，又是部落格（非博客）、又是臉書（非微博）、又是「請問」、又是「不好意思」、又是「對不起」，還有動不動就說「謝謝」，更肯定我們的推論：「逮丸郎無誤！」藉由這一家的言行舉止，使我們重新審視自小植入的禮貌教育，中國人極少出口的「請、謝謝、對不起」（我又沒不對為啥要對不起、他又沒幫我為啥說謝謝），已經內化為咱們不假思索的無意識口頭禪。

赤裸的陶俑

乍看空蕩荒涼的漢陽陵景區，其實是「好戲在下頭」，原址開放的地下博物館運用現代科技保護與展示文物，猶如開啟漢景帝精心遺留的時空膠囊。漢陽陵陪葬坑內存放數以千計的陶俑，有男有女有太監、有豬有狗有綿羊，別於按照真人比例製成、雄壯威武的秦兵馬俑，僅60公分的漢俑可謂迷你Q版，個個造型簡約、表情溫和，女性陶俑則體態修長、膚色偏白（漢代女子已篤信「一白遮三醜」，會使用妝粉塗白），反映當時纖細骨感、弱質娉婷的審美觀（無怪漢成帝的皇后趙飛燕，瘦到能作掌上舞），據傳在此出土的「漢代第一美人」女性跪姿陶俑，就是電影〈赤壁〉中林志玲飾演的小喬原型。

漢俑中以「裸體彩繪陶俑」數量最多也最特殊，俑的頭部與身體由陶土壓模成形，再逐一雕刻面部神態後放入窯內燒成。陶俑本穿著絲或布、麻質袍服或皮質鎧甲，胳膊為有活動關節的木製品，設計活潑精美，唯

景區內還有許多墓道與墓室有待探索

絲、布與木頭因年代久遠而腐爛殆盡，出土時只剩沒有手臂的軀幹。望著
玻璃地板下成堆成堆或站或躺的裸男裸女裸太監，雖然一絲不掛並非出於
自願，但他們純潔無邪的微笑確與赤裸毫無違和感，我的感想是，細眼漢
俑遠比怒目秦俑更有脫光光的本錢（完全畫錯重點）！

漢陽陵的浩大陣仗源於漢代事死如生的喪葬觀念

漢陽陵的震撼程度全然不遜兵馬俑

與秦始皇陵相仿，漢陽陵目前挖掘與展示的坑道僅是整體墓區的一小部分……不過，僅僅如此就已令人震撼得瞠目結舌，更遑論仍長埋地下、深不可測的未知領域。從英勇護主的武士俑和騎兵俑、服侍皇家的宦官俑和侍女俑，到自娛娛人的樂伎俑及舞蹈俑，去到另一個世界的皇家，努力試圖保有在人間的尊榮舒適，坐實「死了都要當（皇帝）」。怎料到，當年「勞民傷財」的私人陪葬，千年後竟成為見證歷史的公眾珍寶，蓋得密密實實的帝陵被挖開刨底不說，還得全年無休開放參觀？！面對後世種種「大逆不道」的行徑，身為受害者的漢景帝也只能找同為天涯淪落人的秦始皇取暖討拍，畢竟今時今日已不是贏大大、劉大大的天下，此一時彼一時，就是再不願意也得含淚吞。

陶俑懶人包
秦陶俑、漢陶俑，長得不一樣

「就算我死了，也要拉你陪葬！」今日聽來威脅多過真實的撂狠話，卻是三千年前商朝人稀鬆平常的觀念─藉由「事死如事生」的人殉儀式，試圖讓亡者繼續享受生前的服務與尊榮。根據甲骨文記載，商代貴族慣於將奴隸（來源主要是戰俘）、牲畜一同殉葬，少僅幾個、多上千百。然而，隨著社會制度與觀念的轉變，人們開始尊重「人」的生存價值，西周生殉的情況已大幅減少，春秋戰國時期改以陶土或木頭俑入葬，直至宋朝，俑的功能更逐漸被陪葬器具取代。

在中國長達兩千年的俑葬史中，俑的形象也隨時代更替與審美觀產生變化。簡言之，春秋戰國多為小型（甚至只有幾公分）的奴僕俑，舉世聞名的秦兵馬俑則以威猛高大著稱，漢陽陵出土的漢俑雖然體型只有秦俑的三分之一，但造型生動、類別豐富，體現太平盛世的安居生活。魏晉南北朝的墓葬可見以陶瓷製成的騎兵俑、儀衛俑、雜技俑等；隋唐時，主流的三彩俑絕大多數用於陪葬，款式有器物和俑像（仕女、文吏、胡人、樂伎、天王、駱駝、馬）兩類，而從唐三彩的造型恰恰展露唐人對豐腴肥壯的偏好。除了直接前往西安市郊的秦皇陵、漢陽陵與昭陵，想一次盡覽這群「地下僕人」的最佳懶人首選，就是造訪館藏豐富的陝西歷史博物館（雁塔區小寨東路91號）。

蔣公逃走中

周幽王＋楊貴妃＋蔣中正，史上最大複合式觀光景區

周幽王放煙火、楊貴妃洗澎澎、蔣中正逃走中—地處西安市郊的華清池和驪山可謂一石三鳥的複合式景區，橫跨千年的史實一次踏遍，登場人物各個名聲響亮，彷彿走進歷史活化石。鑑於幕前幕後奇聞軼事多不勝數，一向自立自強的背包客難得聘請導覽員隨行，儘管後續發展一如預期地難逃「馬不停蹄趕行程」和「強迫推銷藍田玉」的隱形壓力，卻也獲得許多不知真確與否但非常活靈活現的豐富資訊：「您聽過『沐浴皇恩』吧？原義就是指皇上御用溫泉會流往大臣泡得湯裡，在君主封建時代可是很高的榮寵。」、「您知道『西安事變』吧？蔣介石就是從這五間廳翻牆逃難的。」、「您看到驪山上的『烽火台』吧？周幽王烽火戲諸侯就是在那兒。」耳聞連串帶有問句的機關槍介紹，不僅印證此地赫赫非凡的地位，更慶幸少女時乖乖熟讀的課本終於派上用場。

楊貴妃與唐明皇，雙人雕塑好歐風　　　　西安事變彈痕累累

Information of
華清池

地址｜西安市臨潼區華清路38號

電話｜029-83812970（景區）、029-83818888（長恨歌表演，每年4月～10月、每日兩場，門票218～988人民幣）

時間｜旺季（3月1日～11月30日）AM07：00～PM06：00、淡季（12月1日～2月28日）AM07：30～PM06：30

門票｜旺季110人民幣、淡季80人民幣

交通｜公交「華清池」站307、914、915、游5

周邊｜西安事變舊址、驪山國家森林公園、秦始皇帝陵遺址公園、秦始皇兵馬俑博物館

網址｜www.hqc.cn

附註｜若想對景區有更完整認識（景點歷史、各湯淵源等），可聘請穿著制服的館方認證導遊，全程30～45分鐘，收費50人民幣。

Summary

白居易《長恨歌》中「回眸一笑百媚生，六宮粉黛無顏色。春寒賜浴華清池，溫泉水滑洗凝脂。」道盡楊貴妃集萬千寵愛的絕世風華，華清池更因她的嬌豔媚態而廣為人知。地處驪山北麓的華清池，為唐代華清宮內的溫泉浴池，距離西安市區約30公里。早在西周時期就發現這裡蘊藏溫泉，從此成為帝王行宮別苑的首選，歷經周幽王建驪宮、秦始皇築驪山湯、漢武帝的擴建再至唐代太宗、玄宗兩次大興土木，富麗堂皇到達頂峰。遺憾的是，華清宮在安史之亂時遭受嚴重毀壞，至1980年代才在遺址上按照史書重建，園區以仿唐建築和園林風光為主體，占地不過盛唐時的一小部分。

名人齊聚的複合式景點——華清池

華清池景區建設得美輪美奐

啥!泡錯湯?

作為歷代君王御湯所在,華清池不乏王公貴族泡過的足跡,導覽員阿姨熟門熟路地領著遊客快速瀏覽各色名湯,從唐太宗的露天星辰湯(據說原址無遮蔽物,沐浴時可仰望天上星辰)、唐玄宗的豪華蓮華湯到相傳曾為楊貴妃使用的瑰麗海棠湯,即使不復往日風華,仍可體會唐人泡湯的風雅。一心想著快點結束這趟導覽以便招攬下趟導覽的阿姨,化身最佳行程控制姐,背誦簡介的節奏越見急促,凡見到「逢啥都拍」的我們腳步稍慢,就會邊用小型麥克風安撫「慢慢來不要緊」、邊毫不留情地快步往下個景點移動,典型的説一套做一套。在她計畫性的「循循快

楊貴妃就是在這座「蓮花湯」洗凝脂

誘」下，歷史場景瞬間由大唐
盛世轉移至西安事變，蔣公入
住的五間廳外彈孔清晰可辨，
激烈槍戰歷歷在目。

相較熟悉的事變始末，導覽員
加碼爆料的「泡錯湯」妙聞，
大大滿足我一直以來偏愛花絮
多過正文的癖好！據阿姨描
述，當年包括蔣介石在內的許
多名人都誤把五間廳旁的小浴
池視作楊貴妃「水滑洗凝脂」
的發生地，對「到此一泡」
趨之若鶩。以訛傳訛的積非成
是，直到考古學家於1982年覓
得唐代皇家湯池遺址才使真正
的海棠湯重現人間，也就是
說，大人物們自以為的「貴妃
浴」其實通通「泡錯了」！

楊貴妃就是西方維納斯？

下山到腿抖

掃描看影片——
纜車上升中

掃描看影片——
且聽導覽員湯前說湯

導覽進入尾聲，得知我們欲乘纜車登驪山的導覽員，沙米速附贈前往纜車站的捷徑：「這兒是咱員工通道（驕傲地搖搖胸前的識別證），一般是不給走的，我帶您就沒事兒。」穿越一段施工中的土坡，不一會兒到達冷清清的售票口，阿姨和藹可親地張羅買票，對比先前「硬性請託」參觀藍田玉賣場的威逼氣勢，簡直像是換了一個人，不禁令我懷疑難道又是因為有利可圖（譬如拿纜車票回扣之類）？

纜車搖搖晃晃上了半山，才踏出車站，立刻被一名叼菸小哥纏上：「搭咱的遊園車，給您直接拉去烽火台、兵諫亭景點，兩小時包到底，用走得至少得半天吶！」撇開略顯無良的破百收費，他提出的驪山套裝行程稱得上誘人，特別在時間有限與欠缺體力的時候。話雖如此，旅伴與我仍堅定拒絕誘惑，影響決定的關鍵人物，正是偶然散步至此的本地阿伯：「都不遠，年輕人體力好，一會兒就到了，我可是每天都爬吶！」聽他講得如此輕鬆，我們「年輕人」豈有不效尤的道理！

搭纜車怕怕？牙一咬就到了　　與位在山頂的烽火台相比，紀念女媧補天的老母殿可謂近在咫尺　　指標給人希望也讓人失望

「請問兵諫亭怎麼走？」褪色磨損的指標立牌令人摸不著頭腦，詢問附近小販，這才找到位於老母殿旁鄰近衛生間的超隱晦步道。順著石階走，沿途偶爾可見穿梭林木間的巡山員，腰纏垃圾袋的大叔各個身手矯健，在頗有斜度的山石樹木間靈活地跳來跳去：「人果然是猴子變得。」別於巡山員的熟門熟路，我們在不斷的希望與失望中前行—希望是一轉彎就到兵諫亭、失望是轉彎後啥都沒有……向難得交會的遊客打探，答案依舊是「中國式的籠統」說法：「不遠，就在前頭。」終於，不斷地下坡讓平日尚稱健壯的旅伴發生異狀，她的雙腿開始不聽使喚的皮皮挫，我很有良心的對好友表示感同身受，因為俺自個兒也抖得厲害！

華清池景區內就可瞧見纜車

Information of
驪山國家森林公園

地址｜西安市臨潼區環城東路3號

電話｜029-83820601

時間｜AM08：00～PM06：00

門票｜旺季（3月1日～11月30日）70人民幣、淡季（12月1日～2月28日）45人民幣

交通｜公交「驪山索道」、「華清池」站307、914、915、游5，抵達後再轉搭出租車或乘驪山索道（往返60人民幣，單程上山35人民幣、單程下山30人民幣）；由西安火車站包車前往約180人民幣，務必向司機表明前往「驪山國家森林公園」，以免被載往他處。

周邊｜秦始皇兵馬俑博物館、秦始皇帝陵遺址公園、華清池

網址｜www.xalishan.com

Summary

驪山隸屬秦嶺山脈，最高峰海拔1,302公尺，以夕陽美景「驪山晚照」名列「長安八景」。關於驪山命名的起源，一說是遠望猶如黑色駿馬（傳說女媧補天後，用來煉石的火堆始終沒有熄滅，直到女媧坐騎一驪馬奮不顧身撲上才得以熄滅，驪馬便幻化為驪山）；另一則是這裡為商周時期驪戎國所在，因此得名。驪山現今為嶺終南山地質公園轄下的國家森林公園，園區內包含老母殿（紀念女媧補天）、烽火台（周幽王烽火戲諸侯）、兵諫亭（西安事變蔣中正遭擒處）、秤錘石、雞上架、達摩洞、翠蔭亭、捨身崖等多個自然景致或人文景觀。

正版逃走中

1936年12月12日，清晨突發一陣激烈槍戰，下榻五間廳的蔣介石從睡夢中驚醒，在侍衛的拚死保護下翻牆逃跑，慌亂之中不慎閃到腰（可能是翻牆時跟蹌跌進溝中摔傷或是緊張導致痼疾發作），面對追兵只得忍痛往驪山走避，隨後躲進石縫。只是，以為還算隱密的藏身處一下就遭破獲，立即被張學良為首東北軍扣留，藉此迫使國民政府同意國共合作、放棄「攘外必先安內」的剿共政策。西安事變真槍實彈上演的「蔣公逃走中」，不僅是影響中國現代史的重要轉折，留下的足跡也成為遊客必訪的文物。值得一提的是，抗戰勝利後就在「蔣公被捉」的原址建亭紀念，最初名為「總統蒙難亭」，未幾或許覺得過於白話（等於一再提醒全國軍民同胞蔣公「被蒙難」的往事）而更名「正氣亭」。隨著中國易主，站在對立面的共產黨上台，又成了揶揄意味強烈的「捉蔣亭」，最後於西安事變五十周年改為相對中立的「兵諫亭」。

歷盡無數下階梯摧殘，總算到達名聞遐邇的兵諫亭，四周石面上盡是各式各樣大大小小塗掉（早期基於政治立場不同）又重漆（近年鑒於保護歷史文物）的名人題字，熱中臉書分享的特活潑朋友，還可向亭內小販租件軍服，窩在石縫內自拍打卡憶蔣公！走完一遭五間廳＋兵諫亭，對蔣公的敬佩又升一級，試想一位年近半百的熟齡大叔，能在暗矇矇的天色下忍著腰傷與恐懼在山坡間狂奔數公里，確非凡夫俗子所能，民族救星果然不同凡響。

兵諫亭周邊是達官政要的題字熱點

掃描看影片———
原來藏在這兒！

藏身處旁可付費租借蔣公服裝，拍攝原汁原味的「到此一躲」紀念照

兵諫亭，俺找得你好苦啊！

「下階梯都得攙扶，慘吶！」僅僅是平素再簡單不過的動作，腿部肌肉嚴重過勞的旅伴已痛得表情猙獰，而我的磨腳心宿疾同樣大發作，每走一步都是考驗，很難想像，兩個外表正常、體格頗佳的女人，實際背負著旁人看不見的傷痕。千辛萬苦從驪山回到華清池，疲憊至極的我動了「打的」的邪念，「明明自己在指南書寫：『由華清池搭公交游5或914、915（3人民幣）前往兵馬俑非常便利。』現在卻自打嘴巴？」旅伴的吐槽完全正確，但，此刻老娘只想花錢消災！

「一人兒收您5塊錢，很便宜的。」的士師傅堆滿笑臉拉客，聽來十分佛心的開價，實際暗藏滑頭玄機：「不過到兵馬俑前，得先去藍田玉廠看看，買不買沒關係，咱就是賺個幾塊錢的油票（玉廠吸引司機載客前往的誘因）唄。」坦白說，我對這類既提不起興趣又浪費時間的「免費」玉石珠寶推銷相當感冒，正欲開口回絕，他竟亦步亦趨地追趕上來，而且速度不容小覷……糾纏五十公尺後，腿腳不俐落的兩人在腎上腺素爆發下「逃走成功」，徒留不死心的阿伯在身後大喊：「不過就是看看藍田玉，增廣見聞嘛！」

女皇旅行團
嘩！真的是武媚娘本人

「峨嵋聳參天，豐頰滿光華，氣宇非凡是慧根，唐朝女皇武則天。」有點年紀的台灣同胞見了上述歌詞，腦內十有八九自動播放氣勢騰騰的經典電視劇「一代女皇」（1985）主題曲。猶記得，當年念幼稚園的我，透過電視得知此女歷經幾番生死鬥爭、多次無情殺戮、數波峰迴路轉，成為中國歷史上唯一一位女皇帝，空前偉業在小小心靈留下深深烙印，從此下定決心遠離各種人與人的鬥爭風暴（大誤？），畢竟個性客套又怯懦的我，實在是孬種高宗而非凌厲媚娘的料！儘管不以武則天為奮鬥目標，卻無損對她的尊敬與欽佩，查知兩夫婦合葬的陵寢就位於市郊的乾縣，自不能放過與這位女性表率人物打照面的機會。

堪稱「刀槍不懼」、「固若金湯」、「史上最難挖」的乾陵，不只墓道以條石封口、鐵汁灌注、夯土封死，甚至連挖出的碎石都刻意移往他處，就為掩人耳目、聲東擊西。千年間，讓「盜墓有成」的黃巢、溫韜、孫連仲等專業刨墳高手敗下陣來，他們不是挖錯方向就是天有異相（還未下手就颳起詭異的黑色龍捲風），從鏟鋤刀劍到機槍大砲一律鎩羽，加上周圍不見盜洞和搗亂痕跡，印證此處是唯一未遭盜掘的唐代帝王陵墓。可以想見，築於大唐盛世的乾陵很可能藏有數量豐沛的稀世珍寶，箇中最大咖莫過王羲之登峰造極的行書作品「蘭亭集序」（現流傳的版本為唐馮承素臨摹的「蘭亭集序神龍本」，傳聞其筆法、墨氣、神韻與原件最為精細相

仿）……只是，再富麗堂皇、寶物如山的地下宮殿，一直以來都僅存在人們的想像中。

乾陵的神秘面紗，直到1958年一次炸山取石的工程，才偶然被當地農民發現精心隱藏的墓道，這座順利躲過無數天災人禍的時空膠囊，終於有了重見天日的契機。不過，礙於目前保存技術尚有未逮，擔心發生如兵馬俑出土後鮮豔顏色瞬間湮滅的憾事，至今仍未展開進一步的考古工作。相較周邊被盜被挖被開放參觀的眾公主太子將軍功臣們，身為父母的武則天夫妻，因此有幸再享受幾年不受凡夫俗子打擾的清靜日子。

固若金湯的乾陵奇蹟般地從未被盜亦尚未開挖

我家門前有乾陵　後面奶頭山

史上唯一兩位皇帝合葬墓

這就是「無言立無字碑，眼帶淚」的無字碑！

Information of
乾陵

地址｜陝西省咸陽市乾縣乾陵鎮

電話｜029-35510222

時間｜AM09：00～PM06：00

門票｜旺季（3月初至11月底）122人民幣、淡季（12月初至隔年2月底）82人民幣

交通｜西安火車站東廣場旅遊專線公交「游3」（車資18人民幣）直達，7點開始上車，每日一班、車滿即發，車程九十分鐘，於乾陵停留三小時後原車返回，一月至三月停駛；或自城西客運站（鄰近地鐵漢城路站）乘往「乾縣」（或經乾縣）長途車，約十分鐘一班、車程一小時，抵達後再轉出租車前往（跳表約10人民幣）。

周邊｜懿德太子墓、永泰公主墓、章懷太子墓、鐵佛寺、唐靖陵（唐僖宗李儇墓）、法門寺

網址｜www.tangwenhua.com

附註｜景區提供電瓶車導覽服務，30人民幣一位，可參觀乾陵等分散在方圓十餘公里內的四處景點。

Summary

乾陵為歷代帝陵中唯一的兩位皇帝合葬墓，建成於高宗駕崩隔年（684年），武后退位時（706年）加蓋。陵墓採取以山為陵—於山腰開鑿墓道，在山體內修築墓室，整體布局模仿唐長安城。為防盜墓者入侵，乾陵巧妙利用梁山形勢，以北峰和兩座南峰為骨架，前者為墓室所在，後者構成天然屏障，居民慣將南側雙峰視作武則天的乳房，又暱稱奶頭山。

等等等等

根據網友經驗，一日一班的公營「游3」堪稱「神龍見首＋神出鬼沒」的碰運氣巴士，幸運者不只順利搭乘還附贈法門寺（兩景點雖僅相距四十二公里，但無大眾運輸工具穿梭其間），衰尾者守株待兔幾日，卻連個影子都沒見著！「車滿即開，咱們當然是越早越好。」六點出頭，旅伴與我在刺骨寒風中摸黑出發，公車空蕩蕩、幹道冷清清，只需一半的時間就抵達火車站。站前的熱鬧氣氛與寧靜市區彷彿兩個世界，天還沒亮，廣場已聚集成群欲搭火車、客運的長途旅客，人們或扛或揹或拎著大件行李，或站或坐或蹲地打盹休息，態度隨性自在。早餐時間，販

西安車站24小時人潮爆量

扼腕的車站前香腸蔬菜夾餅，早知道就買一個放在包裡備著！

售熱騰騰肉夾饃、加料蛋餅的小攤各個生意火爆，即使所費不貲（巴掌大的割包要價6人民幣），依舊應接不暇。回想數年前首次造訪，一碗哨子麵頂多1.5人民幣的「好便宜」時光，深刻體會中國的進步不只是硬體設施，更體現在倍增飛躍的物價。

穿越重重人海來到東廣場（面對火車站右側），開往數個郊區景點的

「游」家族已在各自車位列隊恭候，巴士斜前方放置一面再醒目不過的招牌，路線、終點一目了然。「有到乾陵的游3，還是我們第一名哩！」歡天喜地購票時，冷著一張臉的年輕車掌以制式口吻叮囑：「車滿了就走噢，您可以先去買點吃喝啥的，記住別走太遠，一會兒落下就不好了。」於是，為了不造成他人麻煩與自己緊張，謹遵教誨的台灣人靜靜在空蕩蕩的車內安心地等著它「滿」……

相較瞬間滿的游5（往華清池、兵馬俑）與漸漸滿的游1（往華山），門可羅雀的游3可謂廣場上難得的蚊子車一遑論滿，根本是人跡罕至。門口，只見車掌小姐、司機阿叔與拉客大嬸（推銷山債版旅遊黑車的掮客，號稱隨到隨走，哪兒都去，實際以任意變更路線、加收費用為人所詬病）聊得不亦樂乎，好不容易有人靠近，又立即被大嬸花言巧語纏上。望呀望呀、等呀等，好不容易才有新夥伴突破重圍加入，2女1男的年輕學生、跨省旅遊的退休老同志、爺爺爸爸和孫子的三代組合、來自上海的中年恩愛夫妻……60分鐘過去，還有好幾排空位。眼睜睜看著身旁車輛來了又走，游3上的乘客彷彿一群自願上賊船的綿羊，衷心地祈求有人填滿座位、引頸期盼引擎啟動的那一刻。

探子阿伯

等待出發的時光，多數人選擇聽從車掌命令待在車上，若有事外出也會自動自發報告去向，承諾快去快回。附帶一提，一緊張就想上廁所的我，單單一刻鐘內，便快速往返氣味濃郁、桃子處處的公廁兩次，算是虛耗光陰中的醒神調劑！？

眾乖乖牌中，只有一位年過六十的阿伯不斷下車溜達，順道蒐集旅遊情報，活躍程度連蹲著放空的司機都感到困惑：「您咋又出去？別跑太遠吶！」頭戴棒球帽、身材圓胖的他，說著一口標準山東國語，疑似是規劃兩對夫婦旅行的熱血領隊。他將打聽到的消息向三位團員完整陳述，分析利弊得失，再柔性徵詢大家意見：「車會在乾陵停三個鐘頭，再載咱回來，這樣省事得多。如果要去法門寺的話，乾陵就有的士可打，

從空無一人硬要等到全車滿載，咁可能？

一百塊錢唄，咱四個人划算得很，那裡也有公交回西安，要去不？」見丈夫興趣盎然，他「愛人」邊翻報紙邊澆冷水：「回來都天黑了，還是別了。」阿伯聞言難掩失落：「那就決定只去乾陵，有機會再去法門寺。

旁邊的游1說是上華山的，方便的很，咱們老人上華山半票哩，不如明天去嘛？」他不死心提議，無奈又被太太打回票：「明天的事兒明天再說吧。」「咱倆一切聽從領導指示！」忙著填飽肚子的另一對夫妻樂得打哈哈，徹底遠離風暴。

「多虧這位探子回報……」滿肚子疑惑卻無膽提問的我，不費吹灰之力獲得豐富資訊，尤其解了「如何去法門寺」的燃眉之急。眼見阿伯所有提議都遭旅伴軟釘子，一臉失落地吃肉夾饃、喝鋁箔包紅棗牛奶，真想給他按個讚。

游3旅行團

經過九十分鐘奔馳，巴士由高速路轉入乾縣，此時，全程板著臉的車掌以「為你們好」的柔性語調進行車內廣播：「乾陵附近有幾處公主太子墓，一般走路到不了的，咱游3只停三小時，等不了您。建議，我只是建議噢，您就買個電瓶車的行程，一人兒30元，有正規導遊領著講解，可以多看幾個陵、多明白乾陵的歷史典故，時間上也剛好配合咱游3。」「自個兒走不行嗎？」探子阿伯帶頭開砲，她淡淡回：「咱游3『準時』

開車，您趕得上就行。」不久，巴士直接停在電瓶車站旁（非乾陵正規售票入口），頂著濃妝的熟女導遊堆滿笑臉招呼羊群（30人民幣也稱不上肥羊）上車，原本毫無關聯、來自大江南北的20多位乘客，無一倖免成為她口中「游3旅行團」的一員。

外型類似高爾夫球車放大版的電瓶車，約可載6～9人，無門無窗無安全帶，高速行駛於普通道路的快車道上，危險刺激更勝雲霄飛車。當日氣溫約莫10度上下，天空不時飄著或大或小的雨滴，風強雨驟人憔悴，完全就是劉德華「冰雨」歌詞「冷冷的冰雨在臉上胡亂的拍」真實版。

一陣狂飆，旅行團來到第一站—懿德太子墓。這位遭祖母武則天懷疑密謀叛變而「逼令自殺」的年輕皇子李重潤（683～701），在父親中宗李顯繼位後追封太子，改以帝王級別的墓制與陪葬品重新安葬。正當導遊行雲流水背誦景點簡介的同時，旅伴與我趁空檔脫隊去廁所，兩分鐘後回到原地，竟然全部不見蹤影！擔心被丟包的咱們急急衝到門口張望，

游3停車處是個前不著村、後不著店的偏僻地方

懿德太子墓

藉由墓道內的壁畫、陶俑窺知唐人生活

掃描看影片——
**三匹馬力的電瓶車竟載著一群大漢
大妞滿山到處跑！**

所幸司機小哥還蹲在雨棚下悠哉抽菸，剪票小妹隨口答：「他們在墓裡頭吶。」由於不知墓道有多長、得走多久（就算趕路會合也已落後好一段），確定參觀人流會從同樣地點出入後，便決定放棄懿德兄，畢竟後面還有其他王子公主，何需急於一時？

真的有假

「關於彩繪壁畫、唐三彩的特色，剛才都講得很清楚了，基本上差不多，您們就自個兒看看吧，半小時後電瓶車集合。」進入永泰公主墓，導遊語氣明顯放鬆，左一句「剛說過」、右一句「有提過」，別於點頭如搗蒜的團友，與懿德太子失之交臂的旅伴與我滿頭問號，果然看墓還是得急於一時？！同樣早逝的永泰公主李仙蕙（685～701），因與哥哥李重潤議論祖母和男寵張氏兄弟的關係，遭到密告、惹禍上身。根據考古資料，她可能並非如胞兄被逼自殺，而是因為心情憂憤（丈夫、兄長雙雙慘死）加上天生骨盆窄小，才於夫兄去世隔日難產而亡。非常疼愛女兒的唐中宗重新登基後，以「號墓為陵」制度將永泰公主厚葬，不僅陪葬品豐富，也是中國史上唯一一座「陵」等級的公主墓（通常僅有皇帝葬地才稱陵）。即使曾經被盜，永泰公主墓仍出土許多珍貴文物，展示於一旁的乾陵博物館內。

出了博物館大門，左側竟有座掛著「乾陵地宮」招牌、假感十足的陽春建築物。「乾陵不是還沒打開嗎？這兒怎麼會有地宮？」導遊關掉麥克風、低聲答：「就是個塑像館，可以進去繞繞，純噱頭，沒啥。」旅伴與我基於好奇入內，沒想到裡面真的「別有洞天」！百公尺長的下坡走道兩側，是一個個約莫兩坪大的隔間，隔間內以塑像重現唐朝皇宮貴族與平民百姓的生活片段。原本平淡無奇的兩光展覽館，卻因人偶俗豔的裝扮、奪目的配色、駭人的燈光、詭異的氣氛，假到讓人沒齒難忘，樂在其中的我們彷彿野口上身，丂丂暗笑不止。坦白說，能夠將地宮山寨得如此「駭人聽聞」，相信武則天若是泉下有知，也不得不佩服後世登峰造極的「糟蹋」功力。

地宮蠟像戳人笑點～

悲劇的命運

「不肖太子賢謀反，故廢之。」武則天故事中印象最深的角色，除了智狠雙全的武則天與軟弱怕事的唐高宗，就是性情衝動剛烈的章懷太子李賢（654～684），他與武后的母子相殘悲劇，確屬同性（格）相斥的典型。李賢少年時機敏好學、舉止端雅，很得雙親喜愛，只是不斷的加封進爵反而使年輕氣盛的他過度自信，再受謠言（認定自己是武后胞姊韓國夫人所生）影響，逐漸因不信任萌生異心。身處權力鬥爭核心，位居劣勢的李賢感慨母親漠視親情，於是改曹植「七步詩」為「黃臺瓜辭」：「種瓜黃臺下，瓜熟子離離。一摘使瓜好，再摘令瓜稀，三摘尚自可，摘絕抱蔓歸。」詩以藤蔓譬喻生母武后，四個瓜則象徵四兄弟性命朝不保夕。隨著「黃臺瓜辭」的廣為流傳，擺明的弦外之音反而激化

只有腿腳好、不懶惰、年紀輕的團員「不聽勸」，下墓道探太子

傳言章懷太子個性親娘武則天一模一樣

對立，李賢最終因宮中藏有大量武器與謀害朝廷命官等重罪遭廢，流放期間受母后手下逼迫自殺。

「章懷太子墓基本上和之前兩座相同，規模還小點，墓道坡陡得很，裡頭也沒啥，腿腳不好的老人家就甭下去了。咱只能停十分鐘，還得抓緊時間去乾陵吶。」導遊的說法比「黃臺瓜辭」還要白，只有純真的小孩兒與白目的年輕人執意一遊，快速折返跑的結果，就是氣喘吁吁、臉發白！可憐生前鬱鬱不得志的李賢，活時因母親與帝位擦身而過，身後雖追贈皇太子虛名，仍難逃被母親掠奪人氣的命運。

終於來到重頭戲——乾陵

掃描看影片——
我親愛的團員啊！

陵前的妙遇

「現在大家站得位置是通往乾陵的神道，長約四公里，兩旁有華表、飛馬、朱雀各一對，仗馬與牽馬人五對、石象生十對，再往前的東側為鼎鼎大名的武則天無字碑，西側則是她寫給丈夫高宗的述聖記碑，然後是六十一蕃臣像……」導遊的聲音越見飄渺，並非她的隨身大聲公失靈，而是得知游3近在咫尺的我們終於有膽脫隊。

踏進武則天的地盤，即使觀光人潮絡繹，卻絲毫不減宏偉肅穆的皇家氣派，此情此景搭配腦內「一代女皇」的電視劇和主題曲，真是再合拍不過。正當旅伴與我一步一快門，鉅細靡遺記錄乾陵時，同團一位穿著摩登有型、與資深帥爺林沖頗有幾分神似的立領潮叔，臉上掛著燦爛笑容，歡天喜地飛奔而來：「可以幫我影張相嗎？」附帶一提，自從換用「外型非常專業」的傻瓜相機後，常在各景區吸引真單眼用戶青睞，請

必拍熱點（六十一番臣）與姿勢（請參考右側小姐）　　潮叔與石像的跨時空交會

飛馬是神道上的第一站，
也是離開時的最後一站

託我這冒牌攝影發燒友幫忙照相。「換個姿勢再一張。」在他客氣而不容拒絕的指導下，又蹲下又退後的我，彷彿攝影師上身，只差沒邊讚嘆邊喊「眼神再迷離一點」！小幫手任務成功，本想快快揮別潮叔，未料他話匣子大開，語氣熱情而愉悅：「肯定有在哪裡見過妳們，嗯～是不是昨天有去兵馬俑、華清池？還是回民街？總之，咱們真有緣。」「有緣？有緣。」旅伴與我強裝鎮定應對，眼神卻已走露爆笑風聲。

神道上，立領潮叔如花蝴蝶般四處留下倩影，為乾陵增添不少青春（？）氣息，獨旅的他不僅慣於請陌生人拍照，更不吝和有緣人分享精心挑選的場景與角度。除了上述大篇幅介紹的立領潮叔，不誇張，臨時成軍的游3旅行團絕對稱得上臥虎藏龍，記憶點處處——單手夾三種麵包輪流進食，印證台語俗諺「瘦田會吸水」的纖細少女；以渾然天成的超強「ㄋㄞ」功收服丈夫，開口閉口「老公、老公……」的上海嬌羞熟女……若少了這些目不暇給的團員花絮，乾陵遊鐵定大幅失色。

「去法門寺不？馬上走，只要100塊。」叼菸小哥隔著柵欄大聲推銷，給正猶豫要直接回西安（人難免有惰性）還是包車到法門寺（踏上不確定的未知旅程）的我，大大推了一把；之後擅長分析的旅伴，再放上最後一根稻草：「距離不遠，價格合理，時間尚早，當然要去。」於是，咱們毅然揮別短暫團緣，心無罣礙地向佛陀鐵金剛進擊！

Information of
無字碑

無字碑位在乾陵東側，與武則天關係密切，是乾陵最受矚目的重要看點。關於碑上無字的理由，主要有五種可能性：一是武則天認為自己功高德大，非文字所能承載；二是她對竄唐稱帝感到愧疚，因此不留隻字片語，以免招來罵名；三是源自武則天的遺言：「己之功過，留待後人評說。」與其自己歌功頌德，不如交給歷史公斷；四是此碑內容依照慣例應由繼位皇帝一中宗撰文，他不知該稱武則天為皇帝還是母后，索性擱置；五是武則天將自行擬妥的碑文交給中宗，但他對母親廢唐建周的行為不滿，歌功、批評都不對，乾脆什麼都不寫。最初空無一字的無字碑，於宋、金時期開始有人提字（說來中國人刻字留念的習慣其來有自？），自然形成對武則天的評價之餘，也保留草、隸、篆、行等字體，甚至還可見已絕跡的女真文，保留相當豐富的文史資料。

Information of
六十一蕃臣像

位於朱雀門（南門）遺跡左右兩側的六十一蕃臣像，是以當時臣服唐朝的外國君主為形象製作的石像，包括：唐安北、安西、北庭三大都護府轄下的少數民族官員和蔥嶺以西諸國的部落酋長等共六十一尊，背面刻有人名與國名，展現大唐「萬邦和諧」的統領地位。關於六十一蕃臣像的無頭謎團，有傳言指在明朝初年，外國使節到乾陵時，偶然發現自己的祖先竟給唐朝皇帝守靈，於是運用手段（稱農田遭到破壞是成精的石像所為，想保護莊稼就得把首級砍掉）將其毀去，唯這種說法並無文獻佐證，真實性存疑。學界普遍認定造成無頭的元凶，是發生於明世宗嘉靖三十四年（1556）的嘉靖大地震（震度約8.0～8.3級，震央在陝西華縣，為世界史上有記錄以來死傷最重地震，遇難者保守估計達八十三萬人），空前災難導致距震央一百公里的石像倒地，最細的頸部幾乎全數折斷。

尋找鐵金剛
101的同胞兄弟竟藏有佛指舍利！

老實説，如果不是為了自己寫得旅遊指南書、為了不漏失我暱稱為佛陀鐵金剛的「合十舍利塔」，隨緣的粟子小姐大約此生與法門寺無緣。

自接下《西安自助超簡單》這個一點都不簡單的任務，我便著手規劃再訪西安的行程，書中介紹的景點、商家按所在區域串聯一氣，東南西北各自歸位，拍攝順序幾乎底定，就剩最棘手（距離遠且公營專線巴士經常停駛）的法門寺。在畏懼自我挑戰也不願自找麻煩的心境下，我努力説服自己「執著處處有照片」的心魔，況且整本書才一處無圖，不可能發現作者偷懶⋯⋯。

只是，好不容易放下的執念，在見著合十舍利塔的瞬間就告瓦解，畢竟堂堂自助超簡單，怎能缺了鐵金剛？

法門寺內香火頗盛　　　　　　　關中塔廟始祖──法門寺

Information of
法門寺文化景區

地址 | 陝西省寶雞市扶風縣法門鎮

電話 | 0917-5258888

時間 | 旺季（3月初至11月底）08:00～17:30、淡季（12月初至隔年2月底）08:30～17:00

門票 | 旺季120人民幣、淡季90人民幣。文化景區內採行一票到底制，可觀光山門廣場、佛光大道、合十舍利塔、法門寺、法門寺地宮出土文物等

交通 | 西安火車站東廣場旅遊專線公交「遊2」（車資25人民幣）直達，7點開始上車，每日一班、車滿即發、車程2小時，1月至3月停駛；或自城西客運站（鄰近地鐵漢城路站）乘往「扶風縣」（或經扶風縣）長途車，約15分鐘一班、車程3小時，抵達後再轉出租車；由乾陵出發，出口處即可見司機招攬，包車約100～120人民幣，行駛42公里，車程35分鐘。欲自法門寺返回西安市區，可就近搭乘寶雞秦通運輸集團經營的「法門寺→西安（城西客運站）」高速長途公交車（34人民幣），臨時車站位於法門寺正門反方向的「四面大佛」塑像前，發車時間為05:30、08:30、13:30、14:40。

周邊 | 乾陵

網址 | www.famensi.cn（法門寺）、tw.weibo.com/sxfamensi（法門寺文化景區新浪微博）

附註 | 佛指舍利僅於每周六、周日及初一、十五的上午十點至下午四點，由合十舍利塔地宮升起供信眾瞻拜，請務必留意。

Summary

法門寺素有「關中塔廟始祖」之稱，始建於東漢桓靈年間（距今約1,850年），最初為供奉印度孔雀王朝阿育王贈送的釋迦牟尼佛佛指舍利而興建，初名阿育王寺，唐高祖武德7年（625）更名法門寺。唐皇室篤信佛法，虔誠供養舍利，佛塔被譽為「護國真身寶塔」，法門寺更成為皇家寺院與佛門聖地。16世紀中，因關中地震遭受重創，唐時寶塔坍塌，神宗萬曆7年（1579）重修成磚仿木結構的十三層樓隔式塔。1980年代，陝西省府在清理寶塔坍塌地基時，意外發現藏於地宮的珍稀寶物，包括：琉璃器、瓷器、絲織品、金銀器、佛像、佛經等千餘件唐代文物，以及轟動世界的「第九大奇蹟」佛祖真身指骨舍利。近年，陸續建成大雄寶殿、玉佛殿、佛學院等仿唐建築，並成立獨立於寺院的文化景區，以打造「世界佛都」為目標。

Information of
合十舍利塔

Summary

合十舍利塔落成於2009年，由設計台北101的台灣名建築師李祖原策畫，投資成本超過五十億人民幣。塔高一百四十八公尺（約五十層樓），鋼骨混凝土結構，造型源於雙手合十的概念，象徵尊重、歡迎與祈願，建築風格融合現代技術與佛教傳統。塔內安奉佛指舍利，塔前則有一條長1.5公里的佛光大道，氣勢恢弘壯闊。

不可貌相

「到哪兒？要車不？馬上走！」行走中國各景區，總免不了被堆滿笑臉的出租車師傅熱情包圍。引人上鉤的推銷話術不勝枚舉，只要內心略有動搖、眼神閃露興趣，便難逃遭對方緊迫盯人的窘境。記得數年前，因為不懂得適度「疾言厲色」地嚴正拒絕，導致心存僥倖的師傅亦步亦趨跟隨近一公里，見死纏爛打招數失效，離去前還悻悻然嘟囔：「早說清楚不要車嘛，浪費我多少時間。」殊不知，保持客氣笑容的我們，可是從頭搖頭搖手、拒絕到尾，面對如此扭曲事實的埋怨，真是比竇娥還冤！「去法門寺嗎？一百元馬上走。」還未走出乾陵景區，站在出口柵欄前的攬客司機已開始吆喝，其中一位理著小平頭、身形薄版的叼菸小哥尤其積極，甚至一反常態亮出底牌（師傅大多不願意直接開價，以免錯過宰羊機會或招來同行埋怨）。旅伴使個眼色、輕聲道：「目標正

的士小哥就在乾陵出口埋伏

一入法門鎮就可見「皇帝佛國」大型中式牌樓

往法門寺途中，盡是販售法器、香燭
的攤販

購票時，「尊稱」我為阿姨的大嬸始
終糾纏不休

確，價位合理，應該可以。」「不過……」眼前人確實沒啥可挑，唯一

讓我卻步的理由，是他的外型完全正中認知裡的「屁踏辣」典型。

「我是乾縣本地人，每天就在乾陵、法門寺間跑車，載載觀光客，日子

還過得去。前兩天載到個老外，說要搭啥艾爾撲練，比了好久才知道是

要去機場，還是台灣人好，說普通話也行。」行駛在路況普通的省道107

線，熟門熟路的小哥一面巧妙躲過坑洞、一面天南地北閒嗑牙，他笑言

自己年齡不小（即將而立）、家累沉重（扶養三代）、物價飛漲（細數

歷年雞蛋、豬肉漲幅為證），雖然想著多跑多賺，卻也明白取之有道的

真諦：「瓜婆（即姑婆，乾縣人慣稱武則天為瓜婆，說法源於明朝逃難

至此的山西移民對老鄉武則天的同鄉情誼）給咱這賺錢的機會，總不好

一來就宰，壞了名聲。」途中，經過整片整片黃澄澄的油菜花田，他盡地主之誼介紹：「那是榨油的，咱這兒炒菜就要用油菜籽煉得油才香。要拍照嗎？隨時可以停噢。」小哥對台灣的認識，全部來自中央電視台的新聞報導與央視電視劇台（CCTV-8）播出的台灣長壽劇（如民視八點檔「世間路」、「意難忘」等），從而歸納出「地震颱風災害很多」、「領導人很帥」、「看病很便宜」及「台灣人平時都說台灣話」、「婆媳問題很嚴重」等精要結論。

「等會兒從法門寺出來，往四面大佛的方向一直走，經過噴泉，再直走，就有到西安的長途巴士。一趟好像二十幾塊吧，價錢不確定，但車肯定是有的。」即使趕著回乾陵守株待兔，小哥離去前仍不忘搖下車窗再次提醒：「往那兒啊！」「外表『屄踏』不等於內在『屄踏』，果然人不可貌相！」險些以貌取人的我，還來不及深深反躬自省，就遭到「貌相」的現世報……「買束香吧，阿姨。」購買門票的同時，幾位拎著竹籃的大嬸靠近兜售，為做生意糾纏不休倒可體諒。不饒恕的是，看來年齡一把的她們，竟然喚我「阿姨」！旅伴見我臉色一陣青白，努力壓抑笑意安慰：「這和女士一樣，是尊稱。」

鐵金剛哩？

為能在天黑前回到西安，時間有限的我們必須對景點加以取捨，而列入「必」字輩的，除了歷史悠久的寺廟寶塔，就是行前念茲在茲的佛陀鐵金剛—合十舍利塔。循參觀指標進入法門寺正殿，內部雖不若台灣廟宇香客如織、香火鼎盛，卻不乏虔誠祝禱的信徒，氣氛寧靜肅穆。偶然見到通往地宮（重修護國真身寶塔時再建）的排隊人龍，基於「跟著人潮準沒錯」的心理，旅伴與我難得地停下腳步等待。「哇！哇！哇！」自踏進地宮，沒有一刻停止讚嘆，9.5坪的空間盡是金碧輝煌的佛像和法

寺內不乏佛教主題裝置藝術

法門寺珍寶館氣勢恢弘　乍見著的合十舍利塔都頗為「間接」

器。儘管因禁止攝影無法照相留念，但那華麗莊嚴的「純金」畫面，至今仍牢牢烙印腦中。

「鐵金剛到底在哪？」奔走在偌大的文化景區，卻始終只能隔著廟院樹蔭遙望，彷彿陷入「望得到、走不到」的看山跑死馬困局。為免繼續徒勞，我們鼓起勇氣向整理花木的慈悲阿伯問路，「往那兒走就是了。」經過他笑容可掬的指引，這才踏上探訪合十舍利塔的正途。

雨中見人性

趕往佛陀鐵金剛的同時，蓄積豐厚水氣的烏雲如洩憤般落下豆大雨滴，對於突如其來的風雲變色，旅伴和我臉上盡是懊惱：「天天帶傘不下雨，一天沒帶落大雨。」一如莫非定律的箴言：「凡是可能出錯的事必定會出錯」於是，偷懶的我們必須承擔出錯的後果。眼見遊客淋成落湯雞，景區內的小店嗅到商機，有志一同賣起雨傘。「一把……二十塊錢吧。」明明傘架前還掛著褪色的「十元」紙牌，老闆娘卻吐出翻倍數字，我想起台灣某連鎖傘鋪「晴天九折、下雨沒折」的廣告詞，兩者確是「無間道」與「盜亦有道」的明顯對比。

回想過往旅遊，著實碰過不少次「難得一天不背傘，難得這天就下雨」的整人情節，其中尤以在罕雨的蘭州和無雨的吐魯番最為「離譜」。躬

如願見到心目中的佛陀鐵金剛！　　　　繞來繞去找鐵金剛時，也在繞來繞去找
　　　　　　　　　　　　　　　　　　人的道士先生

合十舍利塔前兩側護法

逢其盛的我，甚至為此再買一把傘套生灰、傘身沉甸的雨傘，而且總共就用了那麼十分鐘！「我還不算是『雨女』吧？！」日人習慣將在重要活動日（郊遊、結婚）帶來太陽的幸運兒暱稱「晴女／晴男」，反之則被喚作「雨女／雨男」，前者象徵帶來溫暖和煦的好天氣，到哪兒都廣受歡迎；後者總是一臉陰鬱，只要遇上壞天氣，立刻成為眾矢之的。櫥櫃裡雨傘堆積如山的我，篤信自己沒有「呼風喚雨」的本領，只是常常忘記帶傘出門而已。

滿了才走

噴泉、四面大佛、長途巴士……依循出租車小哥提示的關鍵字，陸續見著「已經乾涸且堆滿垃圾的噴泉」、「身形非常巨大且超醒目四面佛」，瞬間安心大半。正當我們以正常速度往巴士方向走去，遠處傳來帶著濃濃鄉音的猛烈吼聲：「回西安、馬上走，快點兒！」雖不明確知道他的發話對象是誰，但同樣要回西安的旅伴與我趕緊加快雙腿轉速、異口同聲喊：「等等啊！」

氣喘吁吁衝上車，裡頭才坐了四成，冷著一張臉的售票小姐像跳針的錄音機：「到西安噢，一人兒三十四元，沒票的快買票……」「啥？要三十四塊？不是才二十來塊，我是退休老幹部，應該半價呀！」前座奶奶發出不平之鳴，她保持一貫的冷漠聲調答：「早是這個價了，沒有優待。」「老幹部對國家可是有付出的。」奶奶義正辭嚴話當年，無奈車資依舊一毛少不了。如同歷年來的大陸乘車經驗─上車前拼命地趕、上

車後癡癡地等，肯定得熬到「滿」才開車。
所幸，負責這輛「法門寺→西安（城西客運
站）」長途車的拉客大叔非常盡責，在他散彈
槍式的催促下，不到二十分鐘（有時在車上虛
耗一個小時也不意外）就將所有座位塞滿。
離去前，我偶然瞟見隱身在巴士旁的車班資訊
立牌，發現一個令人頭皮發麻的驚人事實：
「這台竟然是今天的最後一班！」也就是說，
只要在法門寺任何一處稍微猶豫蹉跎，咱們就
得踏上另一番曲折歸途……「總算拍到鐵金
剛！」坐在高速奔馳的巴士裡，腦海快速流轉
一日見聞，享受達成任務的小確幸。

世界佛都確非一蹴可及

法門寺文化景區寬闊大器，寺廟建築、裝置藝術處處用心，加上醒目地標
—合十舍利塔，在在展現邁向「世界佛都」的企圖與努力。只是，別於寺
內的清淨雅致，寺外村莊則明顯破敗髒亂，一門之隔恰似兩個「截然不
同」的人間風景。法門寺內外的差距，其實也是中國大陸許多景點的縮影
—本身光鮮亮麗、周邊因陋就簡，說到底，凡事都須按部就班，成為世界
佛都如此，發展觀光亦如是。

Chapter III
秘密客犀利觀察

一直是個自詡為犀利觀察者的低調秘密客，透過朋友口中始終半開的小眼睛靜靜觀察，將值得一書的點滴銘記在心，與親友閒磕牙時，再以稍稍誇張的表演重現，贏得笑到流淚的滿堂彩。從生眼睛至今樂此不疲的愛好，也成為我寫書的最佳動力，從瘋狂摩的、毽子奶奶到人行道亂象、西安人最愛的白麵條，面向包山包海、故事峰迴路轉，誰說花絮只能放在電影後！

魔性與人性

馳騁西安半魔車，測試你的強心臟

在台灣，雙腿夾著摩托車竄來鑽去的追風高手俯拾皆是，「大街小巷任遨遊」是他稱霸道路的獨門優勢，無論短程像丟垃圾、去seven，還是長途如跑業務、環島壯遊，全靠一台「小摩」搞定。儘管摩托車好處多多，卻很容易「魔化」駕馭者的心智，在不斷求快中左切右閃、衝鋒陷陣，日日精進的駕車技巧，造就無數另開車族膽戰心驚、走路幫心驚肉跳的驚險場面。來到西安，摩托車進擊成為不只獨樂樂還可眾樂樂的大眾運輸工具「摩的」（「摩托車的士」的簡稱），除了搭載一人的正常版，更可見於車後方加裝二人同向（兩人座）或四人相對（四人座）鐵皮車箱的進階款，能塞就塞的超級載客量幾乎可與計程車媲美。

在「坐公交靠猛擠、打出租靠運氣」的市中心，「摩的」憑藉著高機動性與過人膽識異軍突起，無論眼前道路多麼擁擠、車輛多麼兇狠，始終秉持「想迴轉就迴轉」、「要逆向就逆向」、「有小路抄小路」的騰騰氣勢，第一時間將乘客送達目的地。「阿娘喂，活著真好！」經歷一場生死交關兼雞貓子喊叫的「摩的」冒險，站在地面還覺天旋地轉、頭暈腿軟，一路狂飆的師傅早已揚長而去。雖然每次搭完「摩的」的感想都是「以後再也不坐」，但每每到了「車無影、人疲憊」的緊要關頭，又會熱情地投入懷抱，畢竟撇開令人飽受驚嚇的魔性，隨招隨有、專車速達的「摩的」，堪稱全西安最符合「人性」的交通工具！

摩的常出沒於人潮洶湧處

大街小巷任我行

回民街內徒步區照鑽不誤，
身為乘客只有拼命禱告！

Information of
摩的

Summary

「摩的」主要聚集於鐘樓週邊的東、西、南、北大街與回民街、騾馬市等

觀光區，車資為上車前與司機（當地慣稱師傅）議定，起喊價十塊錢人民

幣。類似的交通工具在中國其他地方、中南半島、印尼均可見，赴泰國旅

遊必見的花俏嘟嘟車（Tuk Tuk）正是「摩的」的同胞姊妹。

新手的代價

「陝西歷史博物館？博物館？喔～知道的、知道的，二十塊錢。」西大街、大學習巷口攔下的一台非常新穎的「摩的」，駕駛人是位掛著笑臉的西裝阿伯，從他不太確定的語氣、略顯緊張的態度以及懸掛花圈的車體，推估十有八九新手無誤。「這裡距離陝西博物館頗遠，此人開價實在。」旅伴與我低聲討論片刻後點頭同意，本以為再單純不過的接駁，沒想到竟成就一場令咱們念念不忘的「啼笑因緣」……

一上車，大叔一如其他「摩的」師傅猛力催油，嘎嘎作響的引擎聲和鏗鏘匡啷的搖晃車體頗有飛機起飛前全力衝刺的架勢，不過這種聯想僅止於「錯覺」，實際車速仍遠遜於四輪的計程車。「妳為啥兩手一直摳著兩邊的門？」在不停抖動的惡劣條件下，座位背對師傅的旅伴面露驚恐

Information of
陝西歷史博物館

地址 ｜ 西安市雁塔區小寨東路91號

電話 ｜ 029-85253806

時間 ｜ 旺季（3月16日～11月14日）AM08：30～PM06：00（PM04：30停止發票）、淡季（11
月15日～3月15日）AM09：00～PM05：30（PM04：00停止發票），周一休館

門票 ｜ 免費不免票（每日發放參觀券4,000張，遊客憑證件領取，入口處領票時間PM02：00前
2,500張、PM02：00後1,500張；可透過官方網站預約）、語音導覽機30人民幣／日

交通 ｜ 地鐵「小寨」站；公交「翠華路」站5、19、24、26、27、30、34、400、401、521、
527、701、710、721、722、游6、游8

周邊 ｜ 大雁塔、大雁塔北廣場、大雁塔南廣場、唐大慈恩寺遺址公園、大唐芙蓉園

美食 ｜ 老鳳府削筋麵（翠華路262號，陝西歷史博物館對面巷內）、子午路張記肉夾饃（翠華
路店，翠華路227號，老鳳府斜對面）

Summary

陝西歷史博物館收藏超過近40萬件出土古物，主要包括：青銅器（以商周青銅器為典
型的禮器、樂器、兵器、車馬器與生活生產器具等）、唐代墓葬壁畫（認識唐代社會的
重要史料）、歷代陶俑（秦漢隋唐至宋元明清的彩繪陶、釉陶、三彩陶俑）、歷代陶瓷
器（仰韶文化彩陶、西周原始青瓷、漢代釉陶、唐三彩、古玻璃、琉璃、唐秘色瓷、宋
耀窯青瓷）、歷代建材（兩周秦漢至唐宋明清的陶製瓦、瓦當、磚、石刻、金屬建築構
件）、漢唐銅鏡（造型多樣、圖案精美，展現中國古時的高超工藝技巧）、金銀玉器
（西周玉製禮器、春秋秦景公墓出土的金啄木鳥、西漢皇后玉璽、唐代窖藏鎏金舞馬銜
杯紋銀壺、赤金走龍等世界級精品）、歷代貨幣（西周貝幣、戰國刀幣、秦半兩、西漢
金、唐金銀幣等古代錢幣）共八大類。館內臥虎藏龍，不想錯過稀世珍品？提供五件國
寶級典藏供作參考：五祀衛鼎（一樓西周展覽大廳中段）、皇后玉璽（二樓西漢展覽大
廳前段）、鎏金銀竹節銅薰爐（二樓西漢展覽大廳前段）、三彩駱駝載樂俑（二樓隋唐
展覽大廳後段，仿品、原件庫藏）及鑲金獸首瑪瑙杯（二樓隋唐展覽大廳後段）。

最終靠自己雙腳到達陝西歷史博物館

的同時，依舊堅守右手抓右門、左手抓左門的雙手開開姿勢。「妳這樣

不累阿？！」見坐在對面的我一派輕鬆，她義憤填膺答：「（面露驚恐

是因為）後面的公車一直逼上來，快撞到、快撞到啦！（雙手開開是因

為）『摩的』兩邊的門都沒上鎖，我得抓著，否則門就會噴出去、噴出

去啦！」原來，左右兩側的門栓都裝在車外，照理是乘客坐定後由司機

扣上，偏偏初出茅廬的阿伯漏了這道重要手續；明明速度相當不快的

「摩的」，卻很有勇氣地在快車與慢車道間扭來扭去，此舉不僅嚇壞坐

在車廂內的台胞，更激怒遲遲無法超越的公車，步步進逼的鐵車頭與我

的肉腦袋相距不到五十公分！

「到哩！」阿伯笑盈盈地回頭，立刻被四度造訪的「老西安」澆冷

水：「這是西安博物院，我們要去陝西歷史博物館。」「啥？不是這

兒？那博物館在哪哩？」他急急向蹲在路旁抽菸的同行求救，得到不

大可靠的籠統答案：「是往那兒吧，先左拐再問問。」此後，阿伯只

要見著人就靠邊問路：「知道陝西博物館在哪兒嗎？」只要看到大型

建築物就轉頭問我：「這是陝西博物館嗎？」一路從擁擠的市區道路

騎到寬闊的快速道路。「就是這兒了！」當他第八次回頭，精疲力盡

的我說出了令所有人都鬆一口氣的答案，阿伯歡天喜地的將「摩的」

停在三條馬路交叉的安全島旁，最妙的是，這裡怎麼看都沒有像博物

館的地方！「以為是西安博物院才說這個價，多走了好遠吶，還是收

您二十塊錢。」從阿伯臨別時刻意的嘟囔，更反映出他內心的過意不

去——試想，地球上任何一個有良心的人對於把兩個外來客扔在鳥不下

蛋的安全島會沒有丁點罪惡感嗎！

「摩女」的條件

「你這是妨礙我做生意，損失多少？你賠得起！賠得起嗎！」機關槍式的咄咄逼人「連珠罵」出自一位駕駛「摩的」的俐落「摩女」，遭砲轟的苦主正是和她發生擦撞的B字頭高級轎車男，兩台車互不相讓的對峙場面，發生在下班尖峰時間的十字路口。相較猛按喇叭的車輛、冷眼旁觀的行人與靜觀其變的交警，身在「摩的」中的旅伴和我只能以坐如針氈、汗如雨下形容：「真打起來怎麼辦！我們算是目擊證人嗎？」出乎意料的是，劍拔弩張的凝結氣氛竟在一番兇狠且不留餘地的對罵後瞬間化解，如此「虎頭蛇尾」的結局，相信與「B男」的不願糾纏和「摩女」的兇猛霸氣脫不了干係。

回到擦撞前五分鐘，我們在蓮湖路、北大街叉口攔到「摩女」，還沒坐定，她已不顧紅燈當前、交警阻攔、汽車喇叭和行人白眼，以見縫插針之姿橫越北大街。「別緊張、沒事兒。」見乘客嚇得臉色一陣青白，她百忙中仍撥空回頭安慰，「貼心」舉動著實令人不敢恭維！「摩女」屢屢輕騎過關的當下，卻在第三個紅燈遇上不干示弱的程咬金「B男」，妳擠我不退，就在她試圖強渡關山的下一刻發出刺耳的金屬摩擦聲……

「把我車磨得這麼厲害，還想走啊！」自覺有理的「B男」搖下車窗猛吼，眼珠死死地盯著落漆處，走跳江湖多年的「摩女」豈是省油的燈：「是你往我這兒擠！我還沒說你撞了我哩！」坦白說，作為全程參與的

路上常見叱吒風雲的正牌「摩女」　摩的也有私家版！宛如開黃色轎車上路，教人如何不攔它？

見證者，旅伴與我一致認為「摩女」有錯在先，理不直氣難壯，只不過她此刻完全沒有要講理的意思！之後的情況就如前段所述，「摩女」直言對方「妨礙自己做生意」，義正詞嚴地痛斥做賊喊抓賊、要求賠償損失，不給任何插嘴和反駁的機會。「B男」一開始非常不想示弱，無奈形勢比人強，在一堆喇叭聲和一陣叫罵聲的催促中，丟下一句「真他○的倒楣」便訕訕離開，看似沒晚沒了的長壽劇的轉眼快閃腰斬。

「這人真是……」離開是非之地，「摩女」依然餘怒未消，沒種的我們靜靜地聽著、默默地點頭，深怕答腔會分散她的注意力（無論同仇敵愾或話不投機都有影響），對交通安全有害無易。懷著戒慎恐懼的心情，終於在細胞死完前抵達目的地驛馬市，臨別前，「摩女」好意安慰：「俺這兒都這樣，慣了就好，沒事兒、沒事兒的。」只是，僵硬的面容與軟綿的雙腿已經洩漏了我們的「不習慣」。

這背影，象徵著硬氣、勇氣與霸氣！　　想念在故鄉騎機車的奔放感？西安摩的讓您一解鄉愁

　　「要逼死人啊！」鐘樓圓環旁爆出劇烈爭吵，臉紅脖子粗的男子使出獅吼功，一面死命拖住「摩的」、一面對公交又求又罵，企圖改變生財工具被扣的命運。之後才知，這是一台無許可證照的非法「黑摩的」，不巧遭公安攔截抽檢，公事公辦的結果就是令當事人五雷轟頂的悲劇。實際上，西安「黑摩的」問題嚴重，由於入行門檻低、賺錢速度快，吸引下崗工人、農民工紛紛投入，再基於申請難、省麻煩、免稅金種種因素，成為見公安就躲的黑戶。

　　對短暫停留的遊客而言，著實很難分辨孰黑孰白，所幸「摩的」一般除了普遍不遵守交通規則、開價稍微偏高的偏差行徑外，其餘還稱得上可信。為免糾紛，請務必與師傅確認目的（我就是血淋淋的錯誤範例）、金額（開價是一人還是一車）無誤，接下來就是「瞇上眼睛、放寬心」，平靜享受混和魔性與人性的「雲霄摩的」之旅。

走累了？摩的使命必達

掃描看影片——
衝吧！摩的

Information of
驟馬市商業步行街

交通｜地鐵「鐘樓」站；公交「鐘樓」站；公交「驟馬市」站502、706、707

周邊｜鐘樓、鼓樓、鐘鼓樓廣場、世紀金花購物中心（鐘樓店）、回民街、西安清真大寺、化覺巷古玩街、竹笆市

美食｜老鋪子私房菜（驟馬市一號　民生百貨六樓西區）、秦豫肉夾饃（東木頭市十九號）、海榮鍋貼館（東木頭市店，東木頭市十九號）、柳巷麵館（案板街十八號，驟馬市對街）、西安飯庄（總店，東大街二九八號）

Summary

大差市、西羊市、驟馬市、東木頭市⋯⋯西安常見以「市」命名的街道，源自古時在此交易的商品類型，驟馬市數百年前便是驟馬交易的場所。驟馬市步行街介於東大街、東木頭市間，為集購物、餐飲、休閒、娛樂於一體的複合商業區，性質類似台北西門町。鄰近的東木頭市、柏樹林、南柳巷一帶設有流動早市，每日上午六至九點開放攤位擺放，商品各種食材，諸如：當季蔬菜、雞羊豬肉、生猛河鮮、麵餅熟食、甜點餅乾等應有盡有。

奶奶控天堂

蘿莉也有變老的一天……

「奶奶正在手縫耶！妳又要開買了齁～」只要和我一起旅行過的人都知道，本小姐是個無可救藥的重度「手作狂」與鐵桿「奶奶控」──凡見著現場手作必購、凡遇上奶奶老闆必買，因此「當奶奶遇上手作」就是我撒錢「扮大款」的好日子！西安堪稱是奶奶控的秋葉原，毽子婆婆、娃娃鞋阿嬤、編麻繩老太太……做買賣的奶奶百百款，有的積極推銷、有的埋頭苦幹、有的性格沉默、有的爽朗豪邁，單單互動就非常有趣，至於東西是否真的需要（不會踢毽子卻買了好幾個手工毽子、沒有生孩子卻購入好幾雙娃娃鞋）就沒那麼重要了！欣賞塞滿櫃子的奶奶手作藏品，我很高興自己染上這樣美好的「毛病」，用少少的錢支持的不僅是老人家累積數十年的珍貴工藝，更包含無價的光陰故事。

越見稀有的奶奶巧手

沒娃卻擁有許多娃鞋

只要見著奶奶+手縫就投降！

十二生肖串是造訪西安的必買紀念品

奶奶盤坐人行道中央專注且使勁兒地縫

手縫棉襖有祝願孩童健康成長的巧思

掃描看影片———

快手勾小鞋

消失的奶奶

記得二度造訪西安時，某日午前結束天主教西安南堂的景點觀光，遇到蹲在五星街邊擺攤的手作奶奶—長方塑膠布上擺著手捺鞋墊、老虎鞋和棉襖，完全正中我的「控」！心有靈犀如粟媽，立即看穿女兒心思，開口句句是重點：「娃娃鞋總共有幾雙、多少錢？全部要！」豪氣干雲地掃貨氣勢，令始終帶著老花眼睛、低頭猛縫的靦腆奶奶一時腦袋打結、慌了手腳。「她就這麼三雙，一雙35，對吧？（轉頭詢問狀）」一旁開嗑牙的熱心大嬸搶答，奶奶頓了幾秒才細聲補充：「現在眼睛不好、手不俐索，一般多是捺鞋墊，不大做鞋了。」如此「絕版斷貨品」當然不能放過，我急急掏錢就想落袋為安，連必備的殺價程序（當年娃娃鞋均價25人民幣，大嬸似乎有替奶奶抬高的嫌疑）都跳過。

回到旅社，應該養精蓄銳的午睡時間全用來把玩娃娃鞋：「縫線整齊、花樣繁複，罕見又值得。」見我愛不釋手，粟媽提出相當誘人的推測：「不如傍晚再去看看，奶奶不是說下午有時也會出來擺攤，見娃娃鞋有銷路，可能又從家裡翻出好幾雙壓箱寶吶！」於是，母女迅速整裝出發，20分鐘後抵達空無一人的五星街。別於只會嘟嚷可惜而無計可施的女兒，即知即行的粟媽著手挨家挨戶打聽，馬上在雜貨店獲得明確資訊：「她就住在後面樓兒，好像是3樓中間那戶。」眾人七嘴八舌拼湊所知，果然「凡待過必留下鄰居」。

與老鄰居邊聊邊作活兒

基於老闆是奶奶，即使明知熱狗皮似塑膠、粉味重，依舊含笑捧場

沿著背光的陰暗樓梯往上，可見一層三戶的格局，幸運的是，目標竟然敞開大門，一家人邊嗑瓜子邊看閱兵（當天適逢十一國慶）。「請問，您家有沒有一位在五星街擺攤賣鞋墊的老太太？」話才出口，遠處突然閃過一個人影，「不就是那個奶奶！」還來不及看清，她已咻地消失，中年婦女（推估是女兒或媳婦）自沙發上彈起：「這兒沒您要找的人，咱家沒人擺攤兒。」將我們「善意驅離」後，隱約聽到關上的門內傳出吱吱喳喳的人聲：「妳看看人家都找上門兒了！」可能的情況是，奶奶將奇遇告訴家人，如此好康（全部買還不殺價）反而引來連串負面思考，如今侵門踏戶追到家裡，肯定不是退貨就是討錢！

天主教南堂採中西合璧的建築形式，
是當地教徒信仰中心

偵探粟媽循線找來，嚇得奶奶膽顫心寒！

Information of
天主教西安南堂

地址｜西安市蓮湖區五星街17號

電話｜029-87625144

時間｜平日彌撒AM06：30、PM07：00；主日彌撒AM07：00、AM10：00、PM03：30（英文）、PM07：00

交通｜公交「甜水井」站251、407、501、604、713；公交「五味什字」站23、31、32、218、251、501、K618、713、游8，下車後往西200公尺

周邊｜都城隍廟、唐大理寺遺址、西安于右任故居紀念館

美食｜小賈麻花油茶（五星街24號，教堂斜對面）

Summary

明熹宗天啟5年（1625），耶穌會會士金尼閣（Nicolas Trigault）在糖坊街設堂（即西安北堂），為天主教傳入西安的最早紀錄。清聖祖康熙54年（1716），時任主教的梅書升神父在西安土地廟什字（今五星街）購地建造西安南堂，之後經歷多次整修擴建，教堂採拉丁十字式教堂形制（由古羅馬的巴西利卡建築形式發展而來，呈長方形的大廳分成三段，中段最大，主入口在長邊，豎道遠較橫道長），柱式圓拱、磚木結構，方位遵照中國坐北朝南的傳統，堂內壁畫聖像均採中式風格，可謂西方宗教與東方文化的融合典範。

我沒娃兒

與南大街接壤的粉巷，是條不寬但人流豐沛的熱鬧馬路，兩側醫院、銀

行、餐館、時尚小店林立，吸引各式攤販來此賺食，其中有位笑臉盈盈

的奶奶坐在矮木板凳上，賣自己編得麻繩玩意兒與自己捺得娃娃鞋。我

一如往常對小鞋子愛不釋手，在買兩雙還是三雙間糾結，奶奶見眼前輕

熟婦人如此躊躇，以宏亮的嗓門問：「妳有幾個娃兒啊？」聽我嘿嘿苦

笑兩聲，她自顧自認定「眼前女人是為自個兒的娃兒買鞋」，進一步貼

心介紹：「這紅色是女娃娃的，綠色是男娃娃，老虎圖案可以驅鬼避

邪，妳瞧虎鬚還會動呢！妳的是男娃還是女娃？」由於即將邁入「曾參

殺人」的積非成是狀態，只得鼓起勇氣澄清：「沒娃兒。」「那為啥買

娃娃鞋呢？」我尷尬地嘿嘿苦笑兩聲，說來是個Long Story呐～

「謝謝喔！」大肆血拚的行徑讓生意清淡的奶奶樂開懷，收下百元鈔的剎

那笑容更燦爛，熱情揮手道再見。「這鞋底手工細，造型純樸可愛，老虎

鬚還會動哩！」旅伴看著心滿意足的我，由衷體會「雙贏」的道理。

粉巷奶奶對我的娃兒興趣濃厚～

兵馬俑公車站附近的紀念品攤，手縫奶奶樂當低頭族！

奶奶為布料注入生命　　　　　　　　乾陵景區擺攤的奶奶是推銷高手

「知道她幾歲？93囉！」每每來到書院門都會見著一位現場手縫毽子的老婆婆，她威嚴地坐在兩個攤位中間，面前放著數個五顏六色的雞毛毽子，嘴裡含著白線，手勢老練地將手邊的材料組合一起。因為聽力退化，她長年對我的詢價充耳不聞（說來我可是看她從八十幾長到九十幾呢！），得靠在附近顧店的孫兒輩協助銷售：「老人家喜歡做東西、賣東西，賺點小錢兒，高興嘛！」照慣例，我又挑了一個和自己有緣的毽子，婆婆緩慢地掏出放在棉襖裡一疊按面額整齊排列的鈔票，才將20元插入應該的位置，耳聰目明的孫輩已快速代她抽出5元找零：「她腦筋可清楚了，就是動作慢點。」我內心對奶奶豎起大拇指，期許自己若有幸活到那把歲數，也能坐在小板凳上做個小生意賺點蠅頭小利。

Information of
粉巷

位置｜西安市碑林區內（起於南大街、終於南院門）長329公尺的東西向道路

交通｜公交「粉巷」站501、706、707

鄰近｜鐘樓、竹笆市、驛馬市商業步行街

美食｜窄巷子陝菜館（粉巷、南大街口）、樊記臘汁肉夾饃（竹笆市五十三號、鼓樓對面巷內）、春發生飯店（南院門店，南院門二十五號）、BiángBiáng麵（南院門店，南院門八十號，春發生斜對面）

Summary

粉巷隋唐時已地處長安皇城內，明末清初正式以「粉」為名，顧名思義與「粉」有關，主要有麵粉（明清時為西安糧食一條街，遍布磨麵粉的作坊與糧食店，街上常灑滿厚厚麵粉）、脂粉（最早以賣胭脂出名，遠處就能聞到濃濃的胭脂水粉香味）與粉味（當年皇上選妃時，眾候選妃入住的地方，後來演變為青樓所在）三種說法。時至今日，粉巷生活機能完整，街道兩側種植合歡樹，青翠綠意與鼎沸人聲相映成趣。

三顧在書院門擺攤的毽子婆婆

牆角啥都賣

雅虎算啥？咱們城牆根兒要啥有啥！

熱騰騰的現做煎餅果子、新擦擦的山寨名牌球鞋、花露露的繽紛遮陽盤帽與奄奄一息的鮮魚、已遭支解的豬肉、扔滿街道的垃圾殘渣⋯⋯天矇矇亮，城牆西南以含光門為中心的早市已開張多時，吆喝招睞的吼叫和吱吱喳喳的詢價融合一契，奔放熱情的活力與城牆的肅穆氣息成為妙趣對比，正是最在地的西安風情。

摩肩擦踵、人聲鼎沸的早市，搭配聽歌跳晨運的大媽團，分貝可與大型中式喜宴後段媲美，擁擠程度亦不遜阿妹演唱會散場，絲毫不顧住在附近的上班族可能凌晨才睡！啥都賣的「限時攤販」固然帶給居民便利、帶給遊客驚喜，卻也引發怨懟，心直口快的大嬸邊買邊罵：「這兒擠得都過不了啦！」賣完高麗菜亟欲離開的三輪車大叔則是大言不慚：「哎呀，怎麼又堵住了？往邊兒上讓一讓嘛！」殊不知他方才正是盤踞通道的禍根。人潮大雍塞之餘，隨意丟棄的瓜果菜葉更造成路面泥濘濕滑，我用力繃緊大腿、戒慎恐懼地踏著每一步，深怕在這有點兒「胎哥」的地方跌個狗吃屎。

西安早市的正式全名為「便民蔬菜市場」，是當地政府解決市民「買菜難」（傳統菜市在快速擴張的市中心已無立足之地）問題的權宜之計，一般選定二、三類道路（多是鄰近市中心住宅區的非主要幹道）或斷頭路（即死巷）設立，營業時間限制在上午六點至九點，依各區情形彈性

含光門早市要啥有啥

真皮品牌斷碼鞋只要50元，
可能僅斷碼兩字為真

雕花鳳梨即買即食（基於衛生考
量，我始終未食）

煎餅果子現點現製（鑑於零失敗
率，我見著就食）

調控。收攤後，保潔員（即清潔隊
員）會立即清掃市場範圍，盡快
恢復道路通行。廣受市民仰賴的早
市，除了上述提到的含光門，東木
頭市、馬廠子、西倉、東郊小山頭
等都能見著，總數超過五十處，提
供近五千個攤位，種類涵蓋當季蔬
菜、雞羊豬肉、生猛河鮮、麵餅熟
食、生活百貨、衣褲鞋襪……應有
盡有、包山包海，人們得以免去舟
車勞頓就近購買所需。

熱鬧過後難免狼藉～

　　儘管這項「德政」成效卓著，但實際仍存在管理上的難題，像是街道管委會規定必須於早上九點收攤，現實卻總會有人一拖再拖。這兒慢點、那兒遲點，待保潔員將所有垃圾運離（通常好幾台三輪車都載不完），已經日正當中，食物腐敗的臭與汙水橫流的髒，即使掃得再淨也難斬草除根！

東木頭市一早熱鬧非凡

早市不只雞鴨魚肉蔬菜水果，各式乾果餅乾

熱騰騰大餅油條現烤現炸！

蔬菜早市規範清晰、遵守隨意

Information of
含光門早市

位置｜城牆內甜水井街（近含光門）、西甜水井街、報恩寺街叉口，延續至含光門至環城南路西段間的環城公園內外。

時間｜AM06：00～AM08：00

交通｜公交「甜水井」、「五味什字」、「南院門」、「含光門」、「小南門」站

景點｜西安城牆、環城公園、天主教西安南堂

美食｜誠信和葫蘆頭（西安市蓮湖區報恩寺街、近勿幕門）

Information of
東木頭市早市

位置｜東木頭市、柏樹林、南柳巷一帶，鄰近騾馬市商業步行區。

時間｜AM06：00～AM09：00

交通｜地鐵「鐘樓」站；公交「鐘樓」、「騾馬市」站

景點｜騾馬市商業步行街、鐘樓、鼓樓、鐘鼓樓廣場、世紀金花購物中心（鐘樓店）、回民街、西安清真大寺、化覺巷古玩街、竹笆市

美食｜老鋪子私房菜（騾馬市一號 民生百貨六樓西區）、秦豫肉夾饃（東木頭市十九號）、海榮鍋貼館（東木頭市店）、柳巷麵館（案板街十八號，騾馬市對街）

人行道好忙

只給人走太可惜，多重功能超展開

「怎麼會停成這樣！」走在西安市區，常有「究竟是人行道還是停車場」的疑惑？無法承重的紅磚遭整齊停放的汽車重壓粉碎，明明是兩腿走得卻被四輪占據，而且無論開車的還是收費的，全都一派理所當然。

原本已不寬敞的人行道，在汽車這樣插、那樣塞的「惡行」下擠得水洩不通，地無三步平、人無直線行，身手矯健的明眼人尚且步步驚心，遑論導盲磚被硬生生截斷的視障者。

類似紅磚道變停車場的情況，以熱鬧的市中心商業區（東西南北大街周邊、端履門、竹笆市一帶）最常見，車水馬龍不輸一般道路。大媽管理員（穿著與台灣的收費員相仿）霸氣要求車主駛入小又歪斜的指定位置。「方向盤往左、再向右一點兒……現在回正，快倒！」自恃老手的駕駛各個被鬧得神情緊張，搖下窗戶左顧右盼，深怕擦了車或撞了人。

本猜想汽車停放人行道只是城管、交警因地制宜的「天兵之計」（地磚

西安的多功能人行道

人行道可以擺小攤

人行道可以停摩的

人行道當然可以走人

人行道最主要的功能竟然是停車！

因此爛得不像話、人行道搞得比車道還危險），未料背後竟隱含見不得光的暗黑利益，央視2014年製播「被買賣的人行道」專題，便是這行之有年的「積非成是」檯面化。報導指出，儘管中國法律絕對禁止人行道停放車輛，但在西安「一些人利用手中職權」（不外城管、交警與相關執法人員），不僅將人行道充當停車場斂財，更把其視為私相授受的牟利工具。於是，A在B的默許下強占人行道，之後又賣給C，C再把收取的停車費部分「上供」給B，形成民間明目張膽收費、官員裝聾作啞包庇的共犯結構。

「小偷有公安局在管，但他還不在偷麼！」、「從那個電線桿開始到這兒都不貼（罰單），不貼也不鎖輪。肯定有關係麼，沒關係早就給你貼條了。」對箇中眉角知之甚詳的酒店保安不諱言「關係很重要」，說穿了，不外乎「你給錢、我辦事」的官商勾結潛規則。妙的是，西安網民對央視的「仗義執言」並非全然領情，有人調侃：「此舉可能不但不能根治西安停車位亂象，可能還會讓西安停車更難。」畢竟在僧很多（單日出行車輛近兩百萬次）粥特少（主城區停車位不到四十萬個）的五比一懸殊處境下，若真將這些暗藏人行道的「黑車位」打擊殆盡，苦主就換成「有錢買車、無處停車」的西安駕駛們。

人行道是亂成一團還是亂中有序？　　車輛成長迅速，車位僧多粥少

餃子宴秘辛

研發百種款式餃子,最後餵飽貴客的竟是⋯⋯

包著各式葷素餡料的餃子,常見有煮、蒸、煎三種烹調方式,小小一顆蘊含飽滿鮮甜,簡單不失講究、快速卻不隨便,無怪能成為家家戶戶冷凍庫的必備存糧。追溯餃子的起源,早在一千八百年前的三國時期已有文字記載,近年更在吐魯番戈壁沙丘出土的唐代阿斯塔娜古墓群發現目前最古老的餃子化石,模樣與今日一般無二,說明絲路沿線地區當時已有食用餃子的習慣。基於對餃子千絲萬縷的情感,來到西安自不能錯過馳名全國的餃子宴,這套強調「一餃一型一態,百餃百餡百味」的豪華筵席,正是來自餃子老店「德發長」的創意。

芝麻鴨子、比翼雙飛、金魚擺尾、四喜臨門、出水蓮蓬、月色蛙聲⋯⋯餃子宴名聲響亮、陣仗驚人,絕非三三兩兩的散客所能承擔,所幸店家推出單人套餐,得以百元價位品嘗箇中精華。為了不負此行,我們挑選當時最高價一百六十八人民幣的組合,服務員以輕盈而飛速(就算用盡注意力也頂多聽懂五成)的客套語氣介紹捏成各種模樣的餃子,一會兒青蛙餃、一會兒金魚餃,花樣噱頭無一不缺,聽完一輪、幾十個餃子下肚,嘴裡早就「混為一談」,誰是誰倒也分不清。餃子宴末了登場的重頭戲——太后菊花火鍋,據傳是慈禧避難至西安時,廚子為討主子歡心想出的點子。精緻小巧的珍珠餃下鍋煮熟後,食客得閉著眼睛撈,無論撈到幾個都有相對應的吉祥話,全然體現宮廷處處馬屁的高超技巧:「一個代表一帆風順、兩

欲嘗餃子宴必來德發長

眼睛看得是餃子、嘴裡吃得是餃子、
腦子想得還是餃子！

十分澎湃的雙人餃子宴套餐

個則是雙喜臨門、三個三陽開泰、四個四季發財……」和我一樣清湯一瓢

的朋友也別失落，因為咱們可是人生難得的「無憂無慮」吶！

「水餃不夠還可以再上，肯定要讓您吃飽。」基於餃子宴所費不貲，服務

員將「把客人肚子塞滿」的任務念茲在茲，肩負重任的並非運用雕塑、捏

製等技藝的花式餃，而是兩大盤煮得有點兒過頭（仔細看裡頭還有幾個破

了）的肥大家常水餃。不想浪費食物的旅伴與我，十分賣力地猛推，此情

此景看在貼心的服務員眼裡，竟成為「愛水餃」的象徵，差點又要免費送

上一盤！

品完一輪餃子宴，桌上或煮或煎或炸或烤或蒸的餃子一掃而空，百餃百餡

全都裝到一個胃裡。說到底，餃子宴的秘辛就是一個「飽」字罷了。

肩負餵飽任務的大盤水餃　　馬屁重頭戲──太后菊花火鍋

Information of
德發長（鐘樓店）

地址｜西安市碑林區西大街三號　鐘鼓樓廣場（一樓快餐、二樓餃子宴）

交通｜地鐵「鐘樓」站；公交「鐘樓」站

電話｜029-87214060（宴會大廳）

時間｜午餐AM11：00～PM02：00、晚餐PM04：30～PM09：00

推薦｜餃子宴、二十四節氣水餃、蝦腦餃子、蟹黃餃子、酸湯餃子、三鮮水餃、菌菇水餃、羊肉餃子、春蝦蒸餃、醬牛肉

周邊｜鐘樓、鼓樓、鐘鼓樓廣場、世紀金花購物中心（鐘樓店）、西安清真大寺、化覺巷古玩街、蓮湖公園、都城隍廟、竹笆市、騾馬市商業步行街

Summary

德發長開業於1936年，以餃子宴享有盛名（僅鐘樓店供應），目前創造超過三百種樣式。店內共有三層，一樓屬自助快餐形式，二、三樓則為餃子宴，由於是旅行團必訪的餐廳熱點，建議平日午間光顧，以免排隊久候。

清白的誘惑

當地食客趨之若鶩，早擠晚排就為一碗白麵條？

BiángBiáng麵、岐山麵、褲帶麵、削筋麵、刀削麵、澆湯麵、蘸水麵、窩窩麵、大刀麵、手撕麵、油潑麵……西安麵食種類多如牛毛，打著○○麵招牌的鋪子處處可見，想吃哪款都不成問題。不過，其中一款佳評如潮的「柳巷麵」，全市僅有位於吉慶巷內的同名麵館獨家供應，無論是熱中此麵的饕客還是慕名而來的遊人，都得做好（與君子）排隊（和小人）爭搶的心理準備。時時高朋滿座的麵館採半自助式，門口櫃檯負責點餐（選擇大小碗，以及是否加肉、加菜或加麵），付費後自行將收據交給廚房，再持廚師交付得號碼鐵牌到座位上等待。數分鐘後，忙到腳不沾地的跑堂阿姨邊端著熱騰騰的麵邊以家鄉音大喊數字，若是自己的號碼，請立即高聲答應，避免造成彼此困擾。

乍看以為店內乾淨清潔

加辣、加醋、滑手機，併桌
OL示範正宗吃法

柳巷麵的醬色得靠自己拌
起來！

服務員勤快掃除滿地髒

柳巷麵上桌時只見白麵條占據整個碗，模樣「清白」得讓人驚訝？稍微拌攪，才知麵下別有洞天，帶著醬色的肉丁與蔬菜一擁而上，瞬間從白衣天使變身彩衣魔女，再次印證凡事不能只看表面！雖然柳巷麵本身調味已相當濃重，但對篤信「辣子是道菜」的本地人根本不算啥，只見併桌OL一手猛舀辣油、一手猛划手機，吸了一口麵，又無意識地再添幾cc的醋與幾勺辣油，令單吃原味就已辣到頭皮冒汗、鹹到猛灌開水的我敬佩非常。據觀察，熟門熟路的常客總是一口麵、一口蒜交替食用，搭配玻璃樽裝的冰峰汽水或清爽冰涼的酸梅湯一同下肚，真是鍛鍊腸胃道的最佳組合。

最後，麵館川流不息的人潮也帶來永遠清不完的垃圾，人們毫不扭捏地將蒜皮、菸蒂、塑膠袋、衛生紙團直接扔在地上，造就服務員隨時掃隨時一座小山的光景。我想，身在月球的嫦娥如果真會笑地球上的徒子徒孫髒，肯定能練出很堅硬的八塊腹肌吧！

Information of
柳巷麵館

地址｜西安市新城區案板街十八號　吉慶大廈吉慶巷（由東大街入案板街、易俗大劇院對面）

交通｜地鐵「鐘樓」站；公交「鐘樓」站

電話｜029-87251516

時間｜AM10：00～PM08：30

推薦｜柳巷麵、酸梅湯

周邊｜騾馬市商業步行街、鐘樓、鼓樓、世紀金花購物中心、回民街、化覺巷古玩街

Summary
....

柳巷麵館以自創乾拌麵獨步市區，最初開在東大街旁的柳巷內，由於沒掛招牌，熟客便暱稱「柳巷麵」。之後，店家因拆遷輾轉由柳巷、柏樹林再搬至吉慶巷現址，儘管一再轉換陣地，生意卻反而越發火爆。柳巷麵採取「麵上菜下」（將醬燒牛肉置於白麵條下）的裝成方式，使用厚實有嚼勁的手工扯麵，拌料則為紅燒牛肉和土豆（即馬鈴薯）、花椰菜、紅白蘿蔔一同熬煮的清真菜肉醬，上桌前再淋上醬油、醋、香菜、辣椒油等，滋味強烈鮮明，一碗道破西安人重鹹愛酸嗜辣的正宗口味。

就是愛川菜

西安好吃的那麼多，俺卻獨沽這一味兒

「金失禮！」我必須向「重慶川菜魚庄」致上最誠摯的歉意，這間次次到西安肯定光顧的高CP值平價熱炒店，儘管得到親朋好友的全面肯定，卻從未在粟子小姐的書中指名道姓推崇，如此「金屋藏嬌」的隱善行為，著實是我的不對！坐落鐘樓小區內的小餐館裝潢簡單，印刷精美（唯翻來有黏感）的菜譜裡羅列各式川菜，不是用辣椒油炒就是撒滿或新鮮或乾燥的辣椒，一整本紅通通，全然體現「四川人不怕辣」的堅強味蕾。近年來越發「無福消辣」的我，每每踏進店內彷彿川妹子上身，氣勢騰騰、毫不忌口，當然在眾辣菜中還是不會漏了永遠的最愛—糖醋里雞（沒有打錯字，真的是用雞胸肉製作）或松鼠黃魚（同樣是集甜酸炸於一盤的過分玩意兒）。

西安隱藏版愛店首次曝光！

過癮吶！每次光顧都點滿滿一桌

菜單道道是紅通通的好料！

乾辣椒用量太驚人！
陝西名菜──辣子蒜羊血，燒嘴燒心更燒胃
當地人常是「一盆酸菜魚配兩碗白飯」解決一餐

松鼠黃魚達到酸甜極致　裹著厚麵皮的糖醋里肌　手撕包菜鑊氣十足、既油又香

　　坦白說，西安在地美味雖多（諸如：肉夾饃、糊辣湯、葫蘆頭泡饃、辣子蒜羊血），但連吃幾天仍難免想念「熟悉的味道」，西式就屬麥當當、肯爺爺，中菜則以四川料理拔得頭籌（附帶一提，這兒的台灣小吃十分奇異，宛若陌生人），而「重慶川菜魚庄」正是西安同行中的翹楚！除了魚香肉絲（口感爽脆、調味濃郁，粟媽摯愛）、手撕包菜（辣椒爆炒包心菜，旅伴最推）、宮保雞丁等招牌菜，還有一盆幾乎每桌必點的酸菜魚──將四川泡椒和某種淡水魚、寬粉條、酸菜以猛火燉煮，夠酸夠辣夠過癮夠多刺（裡頭大小短刺多如牛毛，吞時千萬留意），超深刻的噴火記憶令我在寫時都不禁鼻頭冒汗！

　　由於被辣得太厲害，咱們第二次再點時，就請店家特製不辣版本，結果滋味大打折扣，我的心得是「酸菜魚還是辣的好」～想要在家重現酸菜魚的朋友，到沃爾瑪這類大賣場就可找到同名的乾粉佐料包，將所附的

這是哪門子紅燒肉？

陝西人曰：辣子是道菜

藏身鐘樓小區的高CP值川菜館

粉末、四川泡椒搭配新鮮魚肉（可選用無刺鯛魚切片）按部就班放入湯

鍋烹煮，便能將印象中的酸辣重現七八。

一桌辣菜下肚，一瓶冰到透徹的飲料絕對是最棒的Ending，感動的是，

每每服務員自冰箱內取出的玻璃樽裝「冰峰」，總是凍到讓人無法久

拿。「這才是真正的『冰』峰吶！」旅伴與我交換心有靈犀的眼神，畢

竟在西安已受過無數次「冰峰不冰」的摧殘，不少餐廳或便利商店錯把

冰箱當廚櫃，飲料放著不插電，打開一陣「和煦溫風」，是要營造讓人

更上火的反差嗎？

深得我心的「重慶川菜魚庄」也不是毫無弱點，若沒必要，建議勿選有

塊狀牛、豬肉的菜色，前者乾韌、後者柴硬，遠遜於咱們的家鄉味兒。

附帶一提，我的食神阿姨曾試著教廚師如何燒出軟嫩Q彈的東坡肉，她口

沫橫飛地講、對方點頭如搗蒜地聽，無奈端出來的成果依舊使人搖頭。

我想，若非西安的人吃硬不吃軟，就是這兒的豬肉特壯特紮實。

Information of
重慶川菜魚庄

地址｜西安市碑林區鐘樓小區（近鐘樓飯店，西大街、南大街間）

交通｜地鐵「鐘樓」站；公車「鐘樓」站

時間｜AM11：00～PM02：00、PM05：00～PM09：00

推薦｜酸菜魚、魚香肉絲

周邊｜鐘樓、鼓樓、竹笆市、世紀金花購物中心、回民街、化覺巷古玩街

狗棗一家親

狗頭棗的爸媽爺奶姑舅姐弟闔家大團圓

享有「棗中之王」美譽的狗頭棗，盛產於陝北黃河沿岸，以個頭碩大馳

名，狗頭棗可以鮮食，市面以乾燥為大宗，加入藥膳燉煮具食療效果。

狗頭棗是西安熱門的伴手禮，棗籽小肉厚，帶有濃縮香氣，越嚼越有滋

味，稱是最自然健康的口香糖也不為過。觀光區、大賣場幾乎可見著包

裝精美的狗頭棗商品，有時連餐廳都會趁空檔推銷。

狗頭棗既出身在古都西安，免不了有個鍍金的響亮來頭，此番登場的，

正是那位〈武媚娘傳奇〉裡口口聲聲深愛媚娘的暖男唐高宗─據說李治

少年時微服出遊，在鄰近長安的鄉村結識一位清新脫俗的小鎮姑娘，不

久老爸李世民駕崩，李治諾繼承大統後會領少女回宮享福，想當然爾是

張芭樂票。轉眼數年，厭倦宮廷爾虞我詐的高宗才想起當年無憂無慮的

短暫戀情，無奈此女對皇帝已無眷戀更失信心，僅同意讓女兒回宮（是

回民街土特產店必見狗頭棗

各大餐館都有兼賣狗頭棗

的，但凡皇帝到民間談戀愛肯定留種）。妙的是，飛上枝頭的小公主雖

過得錦衣玉食，卻終日鬱鬱寡歡、了無生氣，高宗心疼女兒，得知她思

念故鄉紅果成疾，便命人披星戴月送達。公主吃了果子、找到樂子，愛

屋及烏的父親見它形態如狗頭，於是賜名「狗頭棗」。讀完這個混搭

「游龍戲鳳」、「妃嗜荔枝」與「環珠格格」的故事，不禁感慨「皇家

玩不出新花樣」（大誤）！

時至今日，狗頭棗品牌包羅萬象，為了能在「茫茫棗海」異軍突起，各

家無不卯出全力彰顯獨門功夫，有的堅稱為無農藥栽培的「綠色食品」

（此名詞類同台灣的有機無毒，在中國只要披上「綠色」外衣就是健康

狗頭棗家族團圓照

環保安心的象徵，價格隨之陡
升，長此難免有濫用嫌疑）、有
的強調是比一級品質更優的特級
或特頂級大棗、有的則以無菌真
空包裝取勝……總之，只要有值
得說嘴的特點，肯定大書特書書
到飽！

對比其他平凡梗，身處競爭激烈
的回民街特產品選擇走自己的創
意路─與其著墨棗本身如何如
何，不如請出整個「狗頭」家
族，從小個兒的狗頭他弟和他
哥、中價位的狗頭他舅與他姑、
等級更高的狗頭他姐和爹娘，而
最昂貴的正是狗頭先生自個兒。
從狗頭棗的訂價策略，可窺知老
闆內心的親屬排序，孰重孰輕一
看價格便知。

為提升價值，也有講究綠色栽種的無農
藥有機版本

冰糖銀耳梨＋棗，生津止渴又回甘

狗狗好朋友

人與犬的漫長友情

西安市區的見犬率不高，偶爾見著的，大多是有主的家犬，不是乖乖窩門邊、就是靜靜躺在屋裡，一派與世無爭的慵懶悠哉。雖然和巧遇的狗狗只有一面之緣，也無時間建立情誼，卻有一種他鄉遇故知的溫暖，狗真不愧是人類最好的朋友。

根據考古發現，人與犬的夥伴關係至少可追溯至六、七千年前的新石器時代，位於西安市區、隸屬黃河流域仰韶文化的半坡遺址就有豢養豬、狗的情形；對鬼神信仰虔誠的商代，不僅將狗視為最喜愛的家畜，亦普遍有將狗作為祭品、用狗殉葬的習俗；之後，歷代王朝為發展養狗業，均設置狗官（真正養狗的官）和飼養狗的機構，用作娛樂、守衛、捕鼠、使役、運輸和食用，漢陽陵內便可見著形態維妙維肖的犬陶俑。儘管中國自古以來就有吃狗肉的風氣，所幸今日絕大多數人已視吃狗肉為罪行，試想誰會吃了自己最好的朋友？！

快門極短篇

獨家沙米斯加映版

遊西安的豐沛見聞豈是幾篇文章所能涵蓋，不僅曲折離奇的經歷值得大書特書，那些一閃而過的精彩瞬間同樣錯過可惜。為免造成我的遺憾與您的損失，在此將途中意外（或刻意）捕捉的畫面以極短篇呈現，品嘗「人在西安」的酸甜苦辣。

地點 | 城牆近文昌門

大嬸姿態好精彩，
一人拍照更放閃！

地點 | 書院門旁城牆根

叼菸是挑字畫的必
備招式（大誤）

我真的好喜歡這位胖妞啊！

可惜搬不回家（淚奔）

地點｜蓮湖公園

爬上假山的真人啊！（難道也是吞下寂寞的戀人啊？）

地點｜大蓮花池街
（近蓮湖公園）

光天化日下的小賭怡情

地點 | 書院門三學街、長安學巷口

刻印名家謝師傅落刀精準免草稿，高超技巧處來自深厚經驗與秘密小鏡。ps.謝太正在後方整理中千要炒得大蔥

地點 | 湘子廟街

來自文青的小清新

地點 | 北大街、蓮湖路口

西安常見的「蝦趴」組合——西裝外套、有毛豹紋提包＋緊身亮片長褲＋低調奢華高跟鞋＋完全無聲、神出鬼沒電機車。

地點 | 西大街（近鐘樓）

瓷杯盤的恐怖平衡，想找兩個一樣的，沒門兒！

地點| 吉慶巷

街邊常見兒售漂亮蔬
果的腳踏車攤，保留
舊時秤砣計價，使用
巧妙、重量神祕～

地點| 鐘樓小區（鐘樓小學旁）

舁「籠」拳！

地點｜南新街

小朋友放學，最
苦惱的莫過親生
父母（搗蛋鬼回家
了）、最快樂的莫
過擺攤大嬸（傻孩
子掏錢了）

地點｜騾馬市與解放市場間巷道

小吃攤是鍛鍊腸胃
的銅人陣

地點 | 廟後街（回民街區域內）

鐵窗與翠綠後的二
毛，偷偷看人也偷偷
被看

地點 | 華清池前

車滿是一種常態、排
隊是一種奢望

地點｜秦始皇兵馬俑博物館　不朽的地下兵團對應永恆的人山人海

地點｜秦始皇兵馬俑博物館外

到這觀光，十有
六七會付費獲得楊
西安或他親戚的簽
名蓋章，那人宛若
明星、那字豪氣干
雲，不愧是挖到兵
馬俑的Lucky Family！

地點│鐘樓小區

身在古蹟遺跡多
如牛毛的古都，
最感興趣的，仍
是巷弄裡雞鳴狗
叫的平凡事兒！

醸旅人25　PE0104

 走吧!西安有本事,翻玩世界古
都第一城!

作　　　者	粟　子
責任編輯	盧羿珊
圖文排版	楊廣榕
封面設計	蔡瑋筠

出版策劃	醸出版
製作發行	秀威資訊科技股份有限公司
	114 台北市內湖區瑞光路76巷65號1樓
	電話:+886-2-2796-3638　傳真:+886-2-2796-1377
	服務信箱:service@showwe.com.tw
	http://www.showwe.com.tw
郵政劃撥	19563868　戶名:秀威資訊科技股份有限公司
展售門市	國家書店【松江門市】
	104 台北市中山區松江路209號1樓
	電話:+886-2-2518-0207　傳真:+886-2-2518-0778
網路訂購	秀威網路書店:http://www.bodbooks.com.tw
	國家網路書店:http://www.govbooks.com.tw
法律顧問	毛國樑　律師
總 經 銷	聯合發行股份有限公司
	231新北市新店區寶橋路235巷6弄6號4F
	電話:+886-2-2917-8022　傳真:+886-2-2915-6275

出版日期	2016年7月　BOD一版
定　　　價	350元

國家圖書館出版品預行編目

走吧!西安有本事,翻玩世界古都第一城! / 粟子著. --
一版. -- 臺北市:釀出版, 2016.07
    面;   公分. -- (釀旅人;25)
BOD版
ISBN 978-986-445-121-0(平裝)

1.自助旅行 2.陝西省西安市

671.59/101.6   105008760

讀 者 回 函 卡

感謝您購買本書，為提升服務品質，請填妥以下資料，將讀者回函卡直接寄回或傳真本公司，收到您的寶貴意見後，我們會收藏記錄及檢討，謝謝！如您需要了解本公司最新出版書目、購書優惠或企劃活動，歡迎您上網查詢或下載相關資料：http:// www.showwe.com.tw

您購買的書名：＿＿＿＿＿＿＿＿＿＿＿＿＿＿＿＿＿＿＿＿＿＿＿＿

出生日期：＿＿＿＿＿年＿＿＿＿＿月＿＿＿＿＿日

學歷：□高中 (含) 以下　　□大專　　□研究所 (含) 以上

職業：□製造業　□金融業　□資訊業　□軍警　□傳播業　□自由業
　　　□服務業　□公務員　□教職　　□學生　□家管　　□其它＿＿＿

購書地點：□網路書店　□實體書店　□書展　□郵購　□贈閱　□其他

您從何得知本書的消息？

　□網路書店　□實體書店　□網路搜尋　□電子報　□書訊　□雜誌
　□傳播媒體　□親友推薦　□網站推薦　□部落格　□其他＿＿＿＿＿

您對本書的評價：（請填代號　1.非常滿意　2.滿意　3.尚可　4.再改進）

　封面設計＿＿＿　版面編排＿＿＿　內容＿＿＿　文／譯筆＿＿＿　價格＿＿＿

讀完書後您覺得：

　□很有收穫　□有收穫　□收穫不多　□沒收穫

對我們的建議：＿＿＿＿＿＿＿＿＿＿＿＿＿＿＿＿＿＿＿＿＿＿＿＿

＿＿＿＿＿＿＿＿＿＿＿＿＿＿＿＿＿＿＿＿＿＿＿＿＿＿＿＿＿＿＿＿

＿＿＿＿＿＿＿＿＿＿＿＿＿＿＿＿＿＿＿＿＿＿＿＿＿＿＿＿＿＿＿＿

＿＿＿＿＿＿＿＿＿＿＿＿＿＿＿＿＿＿＿＿＿＿＿＿＿＿＿＿＿＿＿＿

11466
台北市內湖區瑞光路 76 巷 65 號 1 樓

秀威資訊科技股份有限公司　　　收

BOD 數位出版事業部

··

（請沿線對折寄回，謝謝！）

姓　　名：＿＿＿＿＿＿＿＿＿　　年齡：＿＿＿＿　　性別：□女　□男

郵遞區號：□□□□□

地　　址：＿＿＿＿＿＿＿＿＿＿＿＿＿＿＿＿＿＿＿＿＿＿＿

聯絡電話：(日) ＿＿＿＿＿＿＿＿＿　　(夜) ＿＿＿＿＿＿＿＿＿

E-mail：＿＿＿＿＿＿＿＿＿＿＿＿＿＿＿＿＿＿＿＿＿